人は人を裁けるか

眞田芳憲
Yoshiaki Sanada

アーユスの森新書
002

はじめに
――法華経の信仰に生きる一法学徒の覚書――

二〇〇九年五月、裁判員制度がスタートしました。殺人罪、強盗致死罪、危険運転致死罪、現住建造物等放火罪、強制わいせつ罪、強姦致死傷罪、身代金略取誘拐罪など、いずれも裁判員にとって精神的にも肉体的にも重い負担となりそうな重大事件が裁判員制度の対象となっています。そして、これらの被疑事件について、国民から選ばれた裁判員が裁判官と一緒に、裁判官と対等な立場で審理に参加し、被告人が有罪か無罪かを判断し、有罪の場合にはどのような刑罰を宣告するかを決定することになっています。

我が国の刑事司法に裁判員制度を導入することについては、その賛否をめぐって当初からさまざまな議論がありました。いかなる制度も、人間の手になるもので完全無欠というものはありません。欠陥は、より完全なものを作り出すために用意されているものと言えるでしょう。

しかし、国民の司法参加の道を切り開くこの制度自体に対する反対論には、私は与《くみ》することはできませんでした。

私たちは、民主主義の大原則である「国民主権」を基本原理とする日本国憲法の法秩序の下で生活を営んでいます。「主権」とは、立法権・行政権・司法権といった国家の権力を統合する国家の最高権力のことです。日本国憲法は、国会に立法権を、内閣に行政権を、裁判所に司法権を分属せしめ、こうした主権はすべて本質的に「国民に存する」（憲法前文）と規定しています。

それにもかかわらず、我が国では司法と主権者である国民との距離は非常にかけ離れ、隔絶していると言っても決して過言ではありませんでした。

事実、多くの主権者たる国民には、裁判所とはどういうところか、裁判はどのようにして行なわれ、判決はどのようにして決定されるのかということは知らされておらず、いわば「密室裁判」とさえ言われる状況だったのです。

今日、世界の司法の大勢は、英米法諸国による「陪審《ばいしん》制度」（犯罪事実の認定は陪審員のみが行ない、裁判官は法解釈など法律問題の判断と量刑を行なう制度）、ヨーロッパ大陸法諸国や南アフリカ、そして中国を含め、旧社会主義法諸国による「参審《さんしん》制度」（裁判官と参審員が一つの合議体を形成して、犯罪事実の認定や量刑のほか法律問題についても判断を行なう制度）の採用へと、大きく流れています。

こうした世界的な流れの中で、我が国は、「民主主義国家」を標榜《ひょうぼう》しながら、国民の司法参加は、まったく閉ざされているとは言えないにしても、非常に制限されていました。今回の裁判員制度の導入によって、世界の八〇カ国以上の国々と肩を並べて、国民の司法参加が実現しました。私たちは、ここに司法の分野における国民主権の原則の確立の第一歩を踏み出すことになったのです。

裁判員制度は、私たち国民に対し、単に裁判員として法廷や評議の場に関与することのみを求めているのではありません。この裁判員制度は、私たちに新しい国民像、「二一世紀社会における新しい国民像」を期待しているのです。すなわち、私たち国民一人ひとりが自らの内に公共意識を醸成して、自律的かつ社会的責任を持つ主権者として統治機構の一翼を担う司法の場に参加し、互いに協力しながら自由で、公正な社会の実現に向かって努力することが求められているのです（『司法制度改革審議会意見書』二〇〇一年）。

しかし、裁判員制度の導入をめぐる論争においても、また全国で第一号の裁判員裁判となった二〇〇九年八月の東京地方裁判所判決をめぐる新聞やテレビのマスコミ報道や議論においても、この裁判員制度の最も根本的問題についての論議が欠落していたように思えてなりません。

例えば、非法律専門家である一般市民が、法律専門家である裁判官と並んで裁判することの意味はなにか。人が人を裁くとはどういうことか。量刑において死刑を選択せざるを得ない重大事件において死刑の評決にかかわることの意味はなにか。さらに、殺人の罪を犯した者を含め、そもそも罪を犯した者が罪を償うということは、加害者にとっても、はたまた被害者やその家族・遺族にとっても、どういう意味を持つのでしょうか。

「人が人を裁く」——人間存在の本質に迫るこの問題の困難性は、ともすれば裁判員制度の見直しを求める議論に転じるとか、あるいはこれを助長させるおそれがあり、できれば避けて通りたい問題であるかもしれません。

しかし、「罪と罰と償い、そして裁きとは何か、そもそも「人を裁く」ということはどういうことなのか。こうした本質的な問題について根本的な議論を深めずして、裁判員制度に寄せて司法制度改革審議会が期待した「二一世紀社会における新しい国民像」の実現は、はたして可能なのでしょうか。

もとより、宗教界において宗教者の裁判員辞退事由などをめぐって宗教者として人を裁くことの意味について多くの議論が闘わされたことは事実です。そして、そうした中にあって、現に聖職者の裁判員裁判への不参加の勧告とか、あるいはまた死刑反対の立場からの裁判員制度の見直しを求める決議などを行なった教団もありました。

しかし、それはあくまでも一部の宗教教団であって、宗教界の大勢とはなっていなかったように思えてなりません。そのうえ、そうした教団であっても、裁判員裁判の参加をめぐって「人を裁く」ことの宗教的意味についての議論と指導が一般信徒の次元においてどこまで普遍的に展開されていたかとなると、これまた極めて疑わしいと言わざるを得ません。

二〇世紀は、戦争の世紀でした。殺戮《さつりく》と破壊、暴力と略奪、憎悪と怨恨《えんこん》の世紀でした。二〇世紀を生きた私たちは、来るべき二一世紀がいのちを尊ぶ平和と希望に輝く「共生の世紀」であることを願い、祈りにも似た願望を持って新しい世紀を迎えました。「共生の時代」、二一世紀を生きる私たちは、私たちの足元において、罪と罰、人を殺すとか、人の財物や自由を奪うという犯罪、そして人を殺した者を国家の名の下に殺す死刑という刑罰を科すこと、いのちを尊ぶ「共生社会」であることを願って「人が人を裁く」ということの意味をどう受け止めるべきか――「共生の時代」に生きる私たちにはこうした重い課題が問われているのです。

言うまでもなく、いのちを尊ぶ「共生社会」を願いつつも、人に罪を問い、罰を科すことの意味は何か。これは宗教者に限らず、すべての人びとに共通する問題です。とりわけ、これは宗教者にとって普遍的にして、本質的かつ固有の問題であり、自らの信仰から避けて通れない、まさしく信仰者の実存的問題であるはずです。

それだけに、そしてまさにそれゆえに、宗教者は自己の信ずる宗教信条に基づいてこの問題に相対して、それを超克し、「共に生きる」道への歩みを続けていかねばならないのではないでしょうか。私もそれを願い、ささやかながらその道を歩み続けている者の一人です。

私は、仏教、特に法華経《ほけきょう》の信仰に生きる一法学徒であって、仏教学者ではありません。仏教学の観点から、仏教は罪や罰、そして人を裁くということをどのように見ているのか――一法学徒でしかない私に、こうした仏教の根本的な大問題を論ずる資格も能力もないことは言うまでもありません。

私は、四十数年間、大学の法学部の場で法律学の研究と教育、そして大学行政に従事してきました。他面、同時に、私は法華経を私の人生の灯明として、私を人間としてあるべき正しい道へと導いてくれる灯明として、法華経の教えに生きてきました。私は、ただ法華経の信仰に生きる仏教徒たる一法学徒でしかすぎません。

『法華経』に「若《も》し俗間《ぞつけん》の経書《きようしよ》・治世《じせ》の語言《ごごん》・資生《ししよう》の業等《ごうとう》を説《と》かんも、皆正法《みなしようぼう》に順《じゆん》ぜん」（「法師功徳品《ほつしくどくほん》第十九」）とあります。

この経文の「俗間の経書」とは、宗教以外の倫理・道徳・哲学などの書を言い、「治世の語言」とは法律・政治・経済・社会の問題のように世を治める言説を言い、「資生の業等を説かん」とは農業・工業・商業などの産業について論じることと説かれています。世俗の世法の教えであっても、「我、人と共に生かす」という仏の本願、そしてこの本願を我が本願として生きるという真の信仰に徹すれば、おのずから仏の説かれた正法と一致するようになるというのが、この経文の真義でありましょう。

世法と仏法の狭間にあって、いかに学問し、いかに生きるかを模索してきた私にとって、「若し俗間の経書・治世の語言・資生の業等を説かんも、皆正法に順ぜん」――この経文は、「但行礼拝《たんぎょうらいはい》」（いかなる人に対してであれ、その人の心の内に秘められている仏となる可能性〈仏性《ぶっしょう》〉のゆえに尊敬し、礼拝する。「常不軽菩薩品《じょうふきょうぼさつぼん》第二十」）と並んで、私の大切な座右の箴《しん》言《げん》の一つです。

本書は、法華経の信仰に生きる一法学徒として、裁判員制度を一つの機縁に「人が人を裁く」ということの意味を問い直し、宗教界の宗教指導者や信徒の方がたはもとより、裁判員制度に関心を持つすべての国民の方がたに問題を提起し、「共生の時代」に生きる者として「共に生きる」ことの意味を、そして「あらゆる暴力をのり超え、共にすべてのいのちを守るために」（二〇〇六年、第八回世界宗教者平和会議世界大会の統一テーマ）いかに生きるかの意味を考えてみたいということを目的としています。

重ねて申しますが、私は仏教学の専門家ではありません。法華経の信仰も、いまだ道半ば、道心はあれども、信仰浅き、まことに「足らざる者」です。その私が、「人が人を裁く」ということ――罪、罰、裁きといった仏教の根本的な大問題に手を染めること自体、増上慢愚《ぞうじょうまんぐ》のそしりを免《まぬが》れ得ないものと思っています。

それにもかかわらず、私は「人を裁く」ということの意味を、まず、私自身に問いかけてみたい、そしてその問いを多くの方がたと共有したいというのが私の願いであることを申し添えておきたいと思います。

この「覚書」を擱筆《かくひつ》するに当たり、いま、私の心に去来するのは、『法華経』の「化城諭品《けじょうゆほん》第七」の「化城宝処《ほうしょ》（所）」の教えです。そこには、仏の智恵《ちえ》という最高の境地たる真実の宝の城に至る道ははるか長遠にして険難を極め、到達することはまことに至難の難行である、と説かれています。しかし、私たちはこの宝の城に向かって前進していかねばなりません。この艱難辛苦な道を退き還ることなく一歩一歩歩みを進めるために、仏は「化作一城《けさいちじょう》」、すなわち化城（まぼろしの城）を作られ、しばし疲れを癒やし、再び人びとに真実の宝の城への旅を続ける力と勇気を与えられました。

本書は、まさしく「化城宝処」の譬《たと》えの「化城」のようなものです。「本城」ともいうべき真実の宝の城に至る前に、とりあえず「化城」に入って、「共に生きる」ことの意味を語り合いながら、罪と罰と裁きということを考え合うためのフォーラムの縁ともなれば、それこそ私の至上の喜びであり、それで本書の目的は達せられたと、私は考えています。

最後に、小著とはいえ、本書を上梓するにあたり、多くの方がたのご協力とご教示をいただきました。とりわけ東洋学園大学の宮園久栄教授、中央学術研究所次長・藤田浩一郎氏、同研究所所員の中島克久および西康友の両氏には資料の収集の面で、さらには佼成出版社図書編集の編集長・平本享也氏と課員の大室英暁氏には編集上の作業の面で多大な数々のご教示とご援助をいただきました。そしてまた、原稿の整理などの面で芳澍女学院情報国際専門学校の太田祥子さんに言葉に言い尽くせない、多大なお力添えをいただきました。

これらの方がたをはじめ、お力をいただいたすべての方がたに心からお礼を申し上げ、感謝の念を捧げさせていただきます。

二〇一〇年一月

眞田芳憲

人は人を裁けるか——目次

第一章　罪と罰と裁き

お釈迦さまとカンダタ

仏教は、罪や罰、そして裁きといったものをどのように見ているのでしょうか。私にはこんな仏教の根本的な大問題を論ずる資格も能力もありません。また、ここはそれを論ずる場でもありません。ここでは、一つの文学作品と一つの経典を通して、これらの問題についての仏教的理解を垣間見ることにとどめたいと思います。

今日、新人文学賞「芥川賞」で知られる芥川龍之介（一八九二〜一九二七）は、数々の珠玉の短編小説を書き残しています。芥川のその短編小説の中に、「蜘蛛《くも》の糸」という作品があります。あまりにも有名な作品ですので、すでにお読みになっている方も多いでしょう。

芥川は仏教者ではありませんし、彼の仏教との思想的・信仰的関係は私のよく知るところではありません。しかし、お釈迦さまと極悪人のカンダタの話をテーマとするこの小説は、仏教の罪と罰の考え方を知るうえで大切なものを教えてくれているように思います。

◇　◯　◇

麗《うるわ》しく晴れわたったある日のことです。お釈迦《しやか》さまがお庭を散歩されておられました。玉のような真白な蓮の花の池に通りかかりましたとき、蓮の葉の間から、ふと池の下の様子をご覧になりました。その池の底の下は、血の池の地獄の底に当たっておりました。

血の池の中で、生前、悪事の限りを尽くした多くの罪人《つみびと》たちが、地獄の責め苦に疲れはてて、泣き叫ぶ力さえなくなって蠢《うごめ》いておりました。お釈迦さまはそうした罪人たちの中で、カンダタという極悪の大悪人がいることにお気づきになりました。

この男は生前、強盗や殺人や放火はもちろんのこと、たくさんの悪事を働いていましたが、それでも一匹の蜘蛛を助けたことがありました。あるとき、カンダタが深い林の中を歩いているとき、一匹の蜘蛛を踏み殺そうとしましたが、「いやいや、この小さな蜘蛛にもいのちのあるもの。そのいのちを無闇に奪うのは、いくらなんでも可哀そうだ」と、その蜘蛛を殺さずに助けてやったことがあったのです。

お釈迦さまはそれを思い出され、この男も悪党で人をいっぱい苦しめていたけれど、一匹の蜘蛛を助けるという慈悲《じひ》の心を持っているのだから、救い上げてやろうとお思いになり、白蓮の間からはるか下にある地獄の底へ、蜘蛛の糸をお垂らしになりました。

お釈迦さまが垂らされた蜘蛛の糸は、血の池で苦しんでいるカンダタの前にすーっと下りてきました。カンダタからすれば、お釈迦さまの慈悲のお心など分かるはずはありません。ともかく目の前に銀の蜘蛛の糸が下りてきたのです。カンダタは「しめ、しめ、これはありがたい、これをのぼっていけば、地獄の血の池から抜け出せる。うまくいけば、極楽に辿り着けるかもしれない」と考えました。

そこで、カンダタは必死になってのぼります。のぼって、のぼって、のぼっていきました。

「あー疲れた、一休みしよう」と思って、一休みし、ホッとして下を見てみました。すると、どうでしょう。血の池で一緒にいた罪人たちが、蟻の行列のように、次から次へと自分にならってのぼってくるではありませんか。

これでは、蜘蛛の細い糸のこと、自分だけでも切れそうなのに、次から次へとのぼってきたら、すぐに切れてしまう。そこでカンダタは、「こら亡者ども。この蜘蛛の糸は俺のものだぞ。お前たちは一体、誰の許しを得てのぼってくるのだ。下りろ、下りろ」とわめきました。

こう怒鳴ったその瞬間です。蜘蛛の糸は、カンダタのぶら下がっている所から、プツンと音を立てて切れてしまいました。そして、カンダタは他の罪人共々に血の池に落下していってしまいました。

お釈迦さまはその様子を一部始終じっとご覧になっていましたが、カンダタが血の池の底へ石のように沈んでいくのを見られると、悲しいお顔をされ、また静かにお庭を歩いていかれました。

◇　○　◇

この作品は、何を語ろうとしているのでしょうか。この作品の読み方、そして理解の仕方はいろいろとあることと思います。私は、次のように考えています。

第一に、どんな大悪人でも、いま、その心は汚れていようとも、その汚れは決して本来的なものではなく、生来、「いのち」を慈《いつく》しむ智恵と慈悲の心を持っているということ。

第二に、お釈迦さまは、どんな大悪人でも救い上げてくださる智恵と慈悲のお方であるということ。

第三に、お釈迦さまはどんな大悪人でも罰せられることはなさらない。罰するのは、お釈迦さまではなく、その本人その人であるということ。本人自身が行なった悪業《あくごう》、つまり彼自身の罪そのものによって、自らが罰せられるということ。

第四に、お釈迦さまは、どんな悪人であっても、まさにそういう悪人と言われる罪人こそ、いつもご自分の子として慈悲の心で見守り、案じてくださっているということ。

蜘蛛の糸を切ったのは、お釈迦さまではありません。カンダタが「この糸は俺のものだ、俺だけのものだ」と思って怒鳴ったその自己中心の心のけがれ、つまり煩悩《ぼんのう》が、この蜘蛛の糸を切ったのです。

仏教では、人間が自分の身を破滅に落とし入れる根元的煩悩として貪《とん》（飽くことを知らない貪りの欲）・瞋《しん》（自己中心の怒り）・痴《ち》（目先のことしか考えず、本能のままに動く自分勝手さ）の三毒ということが説かれています。

欲は確かに、人間の生きる活動源ですが、その欲望が高じて必要以上に飽くことなく欲しい、欲しいという執着《しゅうちゃく》の欲になると「貪」になるのです。『法華経』には「諸苦《しょく》の所因《しょいん》は　貪欲《とんよく》これ本《もと》なり」（「譬喩品《ひゆほん》第三」）と説かれています。

次に、「瞋」とは、その欲が満たされないために怒りになることです。自分中心の欲求不満が高じると、自己中心の怒りとなり、怒りの感情を爆発させて、自分にも、周囲の人びとにも当たり散らすことになります。

さらに、「痴」とは、真理を知らず、真理を知ろうともせず、それゆえに理非の見分けがつかず、愚かな言動をすることです。つまり、その欲が満たされないと、自分のことが見えなくなり、すねてひねくれてしまい、目先のことしか考えようとしないということになるのです。

極楽に行けるかもしれない救いの蜘蛛の糸を切ったのは、お釈迦さまではなく、カンダタ自身の自己中心の心、貪欲なのです。お釈迦さまは、どんな大悪人でも救いたいと願っておられます。だが、カンダタはお釈迦さまの慈悲の心を知ろうとしないで、むしろ自分さえ救われればいい、自分さえ良ければいいという自己中心の貪欲に執着していたのです。

カンダタの姿は、実は私たちの姿ではないのか――私にはそう思えてなりません。確かに、私たちはカンダタのように強盗、殺人、放火といった悪事を犯していないかもしれません。しかし、カンダタをそのような悪事に走らせた貪・瞋・痴という煩悩は、私たちにとって一切縁なきものと、はたして言い切れるでしょうか。

私たちも、実は貪・瞋・痴の三毒という自己中心のエゴイズムの海で浮き沈みしつつ漂い生きている存在ではないのか。私には、そのように思え、悔悟《かいご》の念を断ち切ることができないのです。

閻魔王の裁判

カンダタは、生前、悪行の限りを尽くして死んで、すぐに地獄へ堕ちたわけではありません。彼は冥土《めいど》で死者の裁きをする王たちの裁判を受け、その行き先として地獄という決定が下されたのです。

仏教、とりわけ浄土《じょうど》教の教えでは、死者の行き先は大きく二つに分かれていると説かれています。一つは極楽往生《おうじょう》の道、いま一つは輪廻転生《りんねてんしょう》の道です。

極楽浄土の道は、生前によく念仏し、仏の道を正しく精進していたならば、臨終の際に、雲に乗った阿弥陀如来《あみだにょらい》が、観世音菩薩《かんぜおんぼさつ》や勢至菩薩《せいし》をはじめ、多くの菩薩と共に死者の前に現われ、死者に手を差し伸べ、極楽へと迎えてくれる道です。

いま一つの輪廻転生の道は、極楽往生できなかった死者が、冥土の王庁に引き出され、生前の罪に対する裁きを受け、地獄、餓鬼、畜生、修羅、人間、天の六つの道のいずれかに転生することになる道です。

もっとも、来世に輪廻転生するまでの期間は四九日とされていて、その間、初七日から始まり、七日ごとに七人の冥界王によって裁かれることになります。このようにして、最終審判が下り、死者の生前の罪に対応して地獄、餓鬼、畜生、修羅などの道へと転生していくことになるのです。

しかし、最終審判で決定された転生の行き先は、決して最終絶対のものではなく、世俗の裁判用語を使えば「再審」の道が用意されていました。四九日以降であっても、百箇日、一周忌、三回忌と三回の再審の機会があるのです。

だが、この三回の再審の結果は、すべて遺族の手厚い追善供養のいかんにかかっているのです。すなわち、遺族の手厚い供養があれば、死者の罪は軽減され、ときには極楽往生も夢ではなかったと説かれているのです。

したがって、死後になって輪廻転生の苦しい道を迷い歩みたくないとすれば、生前から家族、親族その他周囲の人びとから愛され、慕われ、尊敬されるような、つまり追善供養を受けるに値する生き方をしていなければならないということになりましょう。

さて、地獄の王として死者を裁く裁判官は、よく知られていますように閻魔王《えんまおう》です。閻魔王の裁判の模様は、漢訳『長阿含経《じょうあごんきょう》』に含まれる『世記経《せいききょう》』という経典（詳しくは『第四分世記経地獄品第四』）の中で、克明に描写されています。

この世界のはるか南方に、世界全体を取り囲む金剛山があり、その外側に、さらに第二の金剛山が聳《そび》え立っているそうです。この金剛山と金剛山との間に暗黒の冥界が広がっています。

その冥界には、想《そう》地獄、黒縄《くろなわ》地獄、推圧《すいあつ》地獄、叫喚《きょうかん》地獄、大叫喚地獄、焼炙《しょうえん》地獄、大焼炙地獄、無間《むけん》地獄という八つの大地獄があり、この八つの大地獄のそれぞれに、さらに一六の地獄があります。この地獄界は、娑婆《しゃば》世界で悪業の限りを尽くし、その罪を償う善根を積み切れずにいのちを終えた死者の罪の償いの世界です。

閻魔王の王宮は、金剛山の中にあります。閻魔王の王宮の大広間には、玻璃《はり》の鏡が置かれています。この鏡には、たとえ嘘を言っても、真実が映り、これで死者の生前の所行を確認することができるのです。閻魔王は、この鏡に映った証拠に基づいて、死者の生前の罪を裁き、どの地獄に堕とすかの決定を下すことになります。

地獄でのこのうえなき苦しみは、自ら積んだ悪業の償いが終わるまで、息絶えても死ぬことができないということです。たとえ想地獄から抜け出ても、その死者の足は自己の生前に為した罪に引き寄せられ、いつの間にか黒沙《こくしゃ》地獄の中にいるというのです。

さらに、この黒沙地獄を抜け出ても、死者の足は沸屎《ふっし》地獄に自己を運んでいく。死者は、苦しみから逃れようと必死にもがきながら、自らの業によってさらに苦しみを求めていかなければならないというわけです。

閻魔王は、地獄の底で死ぬことのできない死の苦しみの中に悶絶している死者たちを、まじろぎもせず、じっと見守っています。それは、まさしく冷酷、苛烈な裁判官の姿と言ってよいでしょう。

しかし、この閻魔王も、死者一人ひとりについて生前での悪業によって堕つべき地獄を決定すると、奥の間に引き籠もります。すると、にわかに落ち着きを失い、全身が激しく震え出します。というのは、王の目の前に、煮えたぎる銅液をたたえた大釜が地より自然に湧き起こってくるからです。

閻魔王はこれを見るや、畏怖のあまり、王宮の外に逃げ出そうとします。だが、獄卒《ごくそつ》たちが王を追捕し、大釜の前に引き据え、熱鉄の上に横臥《おうが》させます。そして、閻魔王の口を無理矢理にこじ開け、煮えたぎる銅液を注ぎ込みます。銅液は、王の喉を焼き、王の五臓六腑は焼き爛《ただ》れます。閻魔王は、その場に悶絶して果ててしまうのです。

しかし、この罪を受け終わると、再び元の閻魔王に戻ります。そして女官たちと一緒に娯楽に興じ始めるのです。実は、閻魔王は地獄に堕ちてきた死者たちを裁きながら、王自身もまた、一日、昼夜三度、灼熱の銅液を口から注ぎ込まれるという責め苦を受けていたのです。

どうして地獄の王である閻魔王が、このような責め苦を受けねばならなかったのでしょうか。それは、閻魔王が自ら次のような誓願を立てていたからなのです。

「無智なるままに身と口と心で悪業を積み重ねた者は、娑婆世界での寿命が尽きると、地獄に堕ちて、自らの悪業を償う苦しみを受けねばならない。一刻も早く人びとに正しい仏法を拠り所として善業を積むことの大切さを気づかせ、娑婆世界での寿命が尽きたときに必ず天界へ生まれ変わることができるよう手助けをしたい。」

閻魔王は、ただ死者を裁けばよいというような、冷酷非情な裁判官ではありません。確かに、死者が生前に犯した悪業についての贖罪の決定を下すにあたって、閻魔王は容赦なく鉄槌を振るいました。だが、王自らもまた、一日三度、裁かれる者と同じ畏怖の責め苦を自分から進んで受けているのです。

閻魔王は、地獄に堕ちて、恐るべき責め苦を受けなければならない死者たちを、同感同苦の慈悲の心を持って裁いていたのです。そして、その裁きを通して、これからは身口意《しんくい》の悪業を捨て去り、正法に従い善業を積むよう死者たちの教化《きょうけ》・救済を行なっていたのです。

閻魔王は、決して単なる裁きの王ではなく、救いの慈悲の王でもあったのです。それゆえに、閻魔王は、一説によれば、地蔵菩薩の化身と考えられています。釈尊の滅後、その五六億七〇〇〇万年の後に、釈尊の説法から漏れた人びとを救うために弥勒《みろく》菩薩がこの世に下生《げしょう》されますが、その弥勒菩薩の出現までの間、娑婆世界の衆生《しゅじょう》を教化・救済する地蔵菩薩の化身と考えられているのです。

裁きということ

閻魔王の裁判を思うとき、人間が人間を裁くということがいかに難事中の難事であるか、ただ沈思黙考するのみです。極論すれば、それは不可能であるだけでなく、そもそも人間は人を裁く資格を欠いているのかもしれません。

フランスの作家でカトリックの信者だったモーリヤックは、次のように述べています。「人の運命はそれぞれ特別のものです。人びとを審判し非難するための普遍的な法則というものは存在しないのです。これはきっと我々の拠り頼む慈愛に満ちた正義の秘密なのでしょう」（『パリサイ女』柳宗玄訳、新潮文庫）。

人間たる者、何をもって裁こうとするのか。人間は人間を裁くことができないだけでなく、裁いてもならないのだ。モーリヤックは、こう言いたかったのではないでしょうか。

だが、この世の中には、人間を裁くことを職業とする人びとがいます。その最も典型的なものが、裁判所という国家機関で司法権を行使する裁判官です。そして、二〇〇九年から始まった裁判員制度に参画する裁判員も同様に、裁判官と同じ資格で人を裁くことになります。

確かに、正義の権化として他人の悪事を糾弾し、社会正義を実現する裁判官・裁判員は、まことに尊厳な存在です。しかし、その反面、これほど苛酷な仕事もないのではないでしょうか。

イエズス（イエス）・キリストが、姦淫《かんいん》を犯した女にモーセの律法を適用して、石打ちの刑を要求する律法学者とファリサイ派の人びとに対し、「あなたたちの中で罪を犯したことのない者が、まず、この女に石を投げなさい」と言ったとき、誰一人として石を手にする者はなく、立ち去ったと言われています（「ヨハネによる福音書」第八章第一～九節）。

ファリサイ派の人びとは、律法を厳格に遵守する律法主義者として世に知られていました。他方、彼らは、偽善者としても批判されていました（「マタイによる福音書」第二三章第一三〜三六節）。それは、どうしてだったのでしょうか。戒律《かいりつ》を守り、儀式を立派に行なってさえいれば救われると信じていたからです。彼らは、外側の戒律のみに目を奪われ、内面の魂の救われまで目がいかなかったのです。

それでは、私たちがこのような事件の前に立たされた場合、私たちが人を裁く裁判官たる者であるとしたら、どのような態度を取るべきなのでしょうか。

我が国の憲法には、「すべて裁判官は、その良心に従ひ独立してその職権を行ひ、この憲法および法律にのみ拘束される」と定められています（第七六条第三項）。そもそも人を裁く裁判官の「良心」とはいかなるものなのでしょうか。裁判の場において、裁判官であろうと裁判員であろうと、裁く人のその「良心」が問われることになるのです。

「良心」という言葉は、仏教の用語ではないようです。『望月仏教大辞典』、中村元著『仏教語大辞典』その他仏教関係の諸種の辞典を見ても見当たりません。

日本語で「良心」と翻訳される西洋語は、ギリシア語のsyneidēsis、ラテン語のcōnscientia、英語のconscienceです。いずれも語源的には「共に（syn-,con-）、知る（-eidēsis,-scientia）」ということであって、「共同知」「全体知」を意味し、これが「良心」であると説かれています。

キリスト教、特にプロテスタンティズムは「良心の宗教」と呼ばれています。それは、プロテスタンティズムが「良心」を人間が神に対して正しい態度を取るための器官と見ているからだと説かれています（高橋進「良心」項による。中村元監修・峰島旭雄責任編集『比較思想事典』東京書籍）。ここには、語源的意義である「神とともに」「神との対話」という意味が根源的に含意されているように思われます。

近代に入って、「最大多数の最大幸福」という功利主義的道徳が支配的な力を持つようになります。この道徳論では、「良心」という言葉の持つ「共に」が、自分を離れて社会全体の幸福の実現という社会性を目指すものと理解されるようになります。

例えば、イギリスの哲学者で、経済学者でもあったJ・S・ミルは功利主義の立場に立ちながら、利己心より公益のための徳を強調し、「同胞と一致和合したいという欲求」としての社会的感情から良心が形成されると説いています。彼によれば、良心は主に同情・愛・恐怖、さらに宗教感情・追憶・自尊心などの一群の感情から成り立っており、これが道徳原理を犯したときに「良心の呵責《かしやく》」となって現われるというのです。

漢字の「良心」は、『孟子《もうし》』の「告子章句上《こくししょうく》」にその語源があると言われています。そして、孟子の「良心」の「良」という言葉は「人間本来の」という意味であって、したがって「良心」とは人間本来の善なる心、仁義の心、「己れの欲せざる所、人に施《ほどこ》すことなかれ」（孔子《こうし》『論語』）という対他的な徳の心であると説かれています（『比較思想事典』東京書籍）。

すでに述べましたが、仏教には「良心」という言葉はないようです。だからと言って、仏教には「良心」という考え方がないかというと、そうではありません。『孟子』でいう「良心」が「人間本来の善なる心」であるとすれば、それは仏教の「善心」に当たります。また「対他的な徳の心」となれば、仏教の「慈悲の心」に相応するものと見ることができましょう。

仏教でいう「善心」とは一切の執着を離れた心、善悪の対立を超えた心、とらわれのない清らかな心ということです。また、「慈悲」の「慈」とは「友愛の心」を意味し、「悲」とは「他者の苦しみを取り除く心」ということですから、「慈悲」とは「抜苦与楽《ばっくよらく》」を意味することになりましょう。

「良心」は、これをキリスト教的であれ、儒教的であれ、あるいは仏教的であれ、宗教的に理解する場合であっても、また、功利主義的な道徳論で理解する場合であっても、二項対立の対他的関係を超克し、一元的な連帯的関係の構築を含意しているように思えてなりません。

そもそも「裁く」とは、裁く自己と裁かれる他者とが二項対立の相対的関係にあるということです。したがって、「良心に従って裁く」とは、自己と他者との相対的関係を止揚、超克して相互の間に連帯関係を作り上げるということになります。もっと平易に言えば、私たちは自分の個人的な感情で、自分の尺度で相手を裁いてはいけないということです。というのは、自分の尺度で裁くと、それは単なる「仕返し」、つまり報復でしかなくなってしまうからです。「良心に従って裁く」とは、神の正義とか愛を尺度として、あるいは仏の慈悲を尺度として、あるいはまた社会全体の公共的な徳を尺度として裁くということになりましょう。この裁きの場においては、裁く者と裁かれる者との「心の交わり」をいかに構築するかということが問われることになるのです。

しかし、独立の個としての「個人」に慣れ親しんだ現代人にとって、他者、とりわけ裁かれる者との連帯的関係を作り出すことは、非常に困難になっているのではないでしょうか。それだけに、裁きの場において裁く者が自己の「個人」ということの意味を、時間的にも空間的にも他者との相互依存関係の中でしか存在し得ない自分という者の存在をどのように理解しているかが問われることになるのです。

第二章　現代のカンダタの棲む刑務所

死刑判決と死刑の確定

「蜘蛛の糸」の主人公カンダタは、生前に犯した極悪の罪で地獄に堕ち、血の池で蠢くとらわれの亡者となりました。現代的に言えば、「カンダタ」は「死刑囚」、「地獄」は「刑務所」ということになるでしょう。

『法華経』にも「救世《くせ》の聖尊《しょうそん》を見たてまつるに　能《よ》く三界《さんがい》の獄《ごく》より　諸《もろもろ》の衆生《しゅじょう》を勉出《べんすい》したもう」(「化城諭品第七」)と説かれています。まさに一切衆生の迷いのこの娑婆世界は、まさしく私たち顚倒の衆生の獄舎ということになるのでしょう。

それにしても、現代の刑務所は今日の人権思想のお陰で、かつて平安の昔、源信僧都《げんしんそうず》(九四二～一〇一七)が『往生要集《おうじょうようしゅう》』で描いた「地獄」とはまったく異なることは言うまでもありません。

しかし、地獄と刑務所とは似ているところがあります。両者共に、外部から隔絶された孤独な世界です。

地獄に堕ちた罪人は、遺族の追善供養で善行が追加され、罪が軽減され、ときには地獄から救われ、極楽往生も不可能ではありません。他方、刑務所に収容された死刑囚は、再審請求や恩赦《おんしゃ》出願などによって恩赦が認められれば、刑務所から釈放され、自由の身となることができましょう。

しかし、前者の場合、追善供養をしてくれる遺族がいればの話です。後者の場合も、再審請求や恩赦出願が認められてはじめてその道は開かれるのです。その可能性は、いずれの場合も針の穴ほどに狭き門であり、まことに至難を極めているものと言わねばなりません。

では、我が国の現行の国家法の中で死刑が適用される犯罪は、どのようになっているのでしょうか。次の一二の犯罪が規定されています。

①内乱罪（第七七条）
②外患誘致罪（第八一条）
③外患援助罪（第八二条）
④現住建造物等放火罪（第一〇八条）
⑤激発物破裂罪（第一一七条）
⑥現住建造物等浸害罪（第一一九条）
⑦汽車転覆等及び同致死罪（第一二六条）
⑧往来危険による汽車転覆等罪（第一二七条）

⑨水道毒物等混入及び同致死罪（第一四六条）
⑩殺人罪（第一九九条）
⑪強盗致死傷罪（第二四〇条）
⑫強盗強姦及び同致死罪（第二四一条）

これらの刑法の規定とは別に、特別法として次の六つの法律があります。

①爆発物取締罰則（一八八四年施行、以下同じ）
②決闘罪（一八八九年）
③航空機の強取《ごうしゅ》等の処罰に関する法律（一九七〇年）
④航空の危険を生じさせる行為等の処罰に関する法律（一九七四年）
⑤人質による強要行為等の処罰に関する法律（一九七八年）
⑥組織的な犯罪の処罰及び犯罪収益の規則等に関する法律（一九九九年）

今日、実際の死刑判決のほとんどは、殺人・強盗殺人・強盗致死など、人を死に至らしめた犯罪に対して下されています。二〇〇七年版の『犯罪白書』によれば、二〇〇六年の第一審判決総数は七万四一八一件、そのうち殺人事件の判決数は七一〇件、死刑判決は一三件であって、殺人事件の一審判決数全体の一・八％となっています。

次に、死刑の確定および執行はどのような過程を経てなされるのでしょうか。まず、現行の刑事訴訟法によれば、死刑の執行は法務大臣の命令によるものとされています。

「刑事訴訟法第四七五条

①死刑の執行は、法務大臣の命令による。

②前項の命令は、判決確定の日から六箇月以内にこれをしなければならない。但し、上訴権回復若しくは再審の請求、非常上告又は恩赦の出願若しくは申出がされその手続が終了するまでの期間及び共同被告人であった者に対する判決が確定するまでの期間は、これをその期間に算入しない。

同第四七六条

法務大臣が死刑の執行を命じたときは、五日以内にその執行をしなければならない。」

右記の刑事訴訟法第四七五条第二項の「判決確定の日」とは、いつの日を言うのでしょうか。このことを考える前に確認しておかなければならないのは、日本の刑事裁判では三審制が採用されているということです。

例えば、被告人Aが、第一審の地方裁判所で死刑判決を受けたとします。Aがこの判決を不服とせず、異議を申し立てなければ、ここで死刑は確定することになります。

しかし、Aがそれを不服として第二審の高等裁判所に控訴します。高裁でAの控訴が棄却されると、Aは最高裁判所に上告することになりましょう。上告しなければ、二審判決の死刑が確定するからです。Aの上告が最高裁でも棄却されたとします。それは、最高裁が第二審である高裁の死刑判決を適法と認めたということです。

ところで、最高裁の判決であろうと、判決の内容に誤りを発見すれば、「判決訂正の申立て」の請求を行なうことができます。裁判所がこれを理由なしとして認めず、請求を棄却し、その棄却の「決定書」が拘置所に拘禁されているAに届けられますと、この時点でAの死刑は確定し、Aははじめて死刑囚となります。そして、原則として死刑執行の日までそのまま拘置所に拘禁され、処刑の日を待つことになるのです。

Aの死刑判決が確定すると、法務大臣は判決確定の日から六カ月以内に「死刑執行命令書」に署名、捺印し、執行命令を下さねばなりません。しかし、死刑囚が①上訴権回復、②再審請求、③非常上告、④恩赦出願を申し立てたときには、死刑の執行は停止されることになります。

①上訴権回復　上訴権の回復とは、例えば被告人Aが一時的な精神錯乱状態に陥って、控訴・上告の上訴手続を取ることができず、上訴期間（土・日曜日・祝日を除いて一四日間）を経過したときに、Aが精神錯乱状態に陥っていた事実を証明すれば、上訴権が回復するという

ことです。

②再審請求　再審請求とは、死刑囚Aが確定判決に不当な事実認定があるとの理由から「もう一度裁判（審理）をやり直してほしい」として判決の取消しと新しい判決を求めたときに、その申立てに理由がある場合、Aを救済するために認められた非常救済手段です。

③非常上告　非常上告とは、判決確定後、その事件の審判に法令に違反したことが発見されたときには、検事総長が最高裁に対して行なうものです。非常上告は、再審のように被告人の救済を主眼とするものでなく、法令の解釈適用の誤りを是正することを目的とするものですので、被告人の利益は単に副次的に考慮されているにすぎません。

④恩赦出願　恩赦とは、司法の下した判決について天皇ないし行政の最高機関の特権によって刑罰を消滅させ、あるいは軽減させる処分を言います。

恩赦は、政令恩赦と個別恩赦に大別されます。前者は、政令で一定の標準を定め、それに該当する者に一律に行なうものです。後者は死刑囚を含め、有罪の確定判決を受けた全受刑者がそれぞれ別個に恩赦を願い出るもので、特赦・刑の執行の免除・特別減刑・特別復権の四種類があります。

ただ、死刑囚は、判決が確定して一〇年経たないと、「出願資格」を得ることはできません。

つまり、刑が確定しないと恩赦の対象にはならないのです。

このように見てくると、死刑囚本人にできる手続は、再審請求と恩赦出願の二つしかありません。しかし、前者は、請求が却下された翌日、処刑されることがあり、救済策としては不完全です。後者に関しては、死刑囚の大半が恩赦の出願資格を得るまでに処刑されているのが実情です。

死刑判決が確定すると、六カ月以内に法務大臣は死刑執行命令書に署名捺印しなければなりません。それに先立って、まず高等検察庁（高検）の最高責任者たる検事長（Aが控訴しなかった場合、または控訴・上告を取り下げた場合については地方検察庁の検事正）が死刑執行にかかわる「上申書」をその最高責任者である法務大臣へ提出することになります。

それ以降の死刑執行までの経過は、図1のようになります。

現行の刑事訴訟法の手続に従えば、判決確定後六カ月以内の死刑執行はほとんど不可能であって、判決確定から死刑執行までの年数は平均約七年と一一カ月（法務省調べ。一九九七〜二〇〇六年の平均）と言われています。その間、死刑囚は死刑執行の日を待つことになります。

それでは、次に拘置所における死刑囚の生活について考えてみましょう。

死刑執行までの経過（図1）

死刑判定確定

↓　判決謄本・裁判記録等

高検・検事長（地検・検事正）→法務大臣へ上告提出

↓　判決謄本・裁判記録等

法務省刑事局付検事の審査

↓
主な審査内容
①再審の事由の有無
②非常上告の事由の有無
③執行停止の事由の有無
④恩赦に相当する事由の有無
疑問があれば再審調査→刑事局会議

死刑執行起案書作成

↓
起案事項
①犯罪事実
②証拠関係
③情状
④結論

刑事局での審査

↓
参事→保安課長→総務課長→刑事局長
各担当官が精読、決済

次ページに続く

矯正局での審査

↓
主な審査内容
①刑を執行し得る心身の状態にあるか。
②恩赦を上申する事由の有無
参事官→総務課長→保護局長が決済

刑事局

↓

法務大臣官房

↓
秘書課長
↓
官房長
↓
事務次官
↓事前に大臣の内諾をとる。

法務大臣

↓ 死刑執行命令書に署名捺印

高等検察庁

↓ 死刑執行命令書

拘置所長

発令五日以内に死刑執行

死刑確定後の死刑囚の生活

死刑囚は、ただ死刑に処するために生かされている存在でしかありません。死刑囚は、「社会復帰はもちろん生への希望さえ断ち切られた存在」です。死刑囚にとって冷酷かつ絶望的とさえ言えるこの言葉は、他でもない、死刑囚である息子との面会を禁じられた両親が、息子との交通権禁止を憲法および監獄法に違反するとの理由により提訴した事件における法務省の答弁書の中の言葉です。

そうした存在である死刑囚に、プライバシーが認められるはずはありません。なぜなら、彼または彼女は被疑者として逮捕され、捜査取調べの段階から裁判所での一連の公判手続の中で、すでに社会的に心身共に徹底的に剥き出しにされ、プライバシーは奪い取られているからです。いや、被疑者本人のみならず、家族のプライバシーも失われ、就職や結婚のチャンスは奪われ、家族は四散、崩壊状態に陥ることさえあるからです。

死刑が確定し、死刑囚として刑場の設備がある拘置所、これまで監房と呼ばれていた「単独居室」に収容されることになります。

二〇〇六年、監獄法の改正により「刑事収容施設及び被収容者等の処遇に関する法律」（以下、「刑事収容施設法」と略します）が制定されました。これにより旧監獄法で用いられていた用語も大きな変容を受け、被収容者の生活条件などの改善向上への配慮が行なわれ、今日では従来の「監房」という用語は「単独居室」とか、単に「居室」と呼ばれるようになっています。

このように、用語の変更があっても、拘置所の被収容者の生活にプライバシーがないのは、監獄法時代と異なるところはありません。

死刑囚の居室（俗に言う監房）には、「人間金庫」の異名があります。出入口は、廊下側に面した一カ所の鉄扉だけです。これを開けると、小さな踏み込み（靴脱ぎ場）があってタタミ二枚、鉄格子の獄窓側にタタミ一枚程度の板敷き部分があり、そこに便器と流し台、食器類や洗面具などを入れる小さな戸棚があります。

だが室内には、押入れやタンスの類はありません。流し台は、洗面台兼台所兼洗濯場で、それに板をかぶせると机となり、便器にフタをして椅子とし、ここで食事や読み書きをするのです。

居室内の両側は、白い剥き出しのコンクリートの壁、天井は高く、ほぼ中央に二〇ワットほどの蛍光灯がついており、通常午後九時の消灯時間に消えると同時に、豆電球がつくことになっています。点灯・消灯はすべて房外でなされます。そして、居室内にはテレビカメラが設置され、一日二四時間監視されています。もちろん、冷暖房の設備がないのは言うまでもありません。

死刑囚の一日の日課は、おおよそ次のように進んでいくようです。

午前七時〇〇分　起床
午前七時二〇分　朝点検
午前七時三〇分　朝食
午前十一時三〇分　昼食
午後四時二〇分　夕食
午後四時五〇分　夕点検
午後五時〇〇分　安息時間（仮就寝）
午後九時〇〇分　就寝

このように簡素化された日課を見ると、単独居室での時の流れは一見、まことに単純そのものであるかのように見えるでしょう。しかし、これらはすべて規則というレールにのって進められていくのです。

布団の敷き方・たたみ方、食事や洗顔の作法、居室内での座る場所と姿勢、就寝時の顔の位置までが規則で細かく決められ、廊下側の「覗き窓」から一日中、深夜においても看守が監視しています。違反すれば、当然に懲罰が科せられることになります。

死刑囚には、外部の者との文通や面会（法律用語で「外部交通」と呼ばれています）は厳しく制限され、親兄弟、配偶者や子供など特定の親族や弁護士を除いて、原則的に全面禁止です。但し、拘置所長の許可があれば、支援者との面会は例外的に認められることになっています。

こうした死刑囚の外部交通の大幅な制限は、一九六三年三月に発せられた法務省矯正局長の通達（以下「六三年通達」）によるものです。すなわち、「さらに拘置中、死刑囚が罪を自覚し、精神の安静裡に死刑の執行を受けることとなるように配慮されるべきことは行政上当然の要請であるから、その処遇に当たり、心情の安定を害するおそれのある交通も、また、制約されなければならない」という通達です。

この「六三年通達」が出る以前は、死刑囚全員が運動の時間に野球などをしたり、演劇会や映画鑑賞会、詩歌や茶道の集まりなど死刑囚同士のコミュニケーションの場がありました。現在では、そうしたことは一切認められていません。

こうした死刑囚の処遇は、今日においても異なることはありません。先に挙げた「刑事収容施設法」で、「死刑確定者の処遇に当たっては、その者が心情の安定を得られるようにすることに留意するものとする」（第三二条第一項）と定められています。

死刑囚は、「罪を自覚し、精神の安静裡に死刑の執行を受ける」べき者です。そうした死刑囚の身であってみれば、「心情の安定を害するおそれ」、すなわち外部交通のように生きる望みを与えるおそれのあるものは厳しく制限されねばならないという「配慮」が必要だというわけです。しかし、これを「配慮」と呼び得るとすれば、なんと冷酷な「配慮」でしょうか。

死刑囚は、昼夜を問わず、一日中、単独居室の室内にいなければなりません。居室の外に出ることがあっても、他の囚人と接触することは許されず、常に独りの時間を、いつ処刑されるのかという不安と恐怖の中で過ごしています。こうした死刑囚の心情を、すでに他界した島秋《しまあき》人《と》は次のように詠っています（島秋人『遺愛集《いあいしゆう》』）。

幾重にも獄廊鉄扉に閉ざされて湖底の如く夜は更けてをり
死刑囚に耐へねばならぬ余命あり淋しさにのむ水をしりたり

いま、東京拘置所で処刑の日を待つ坂口弘《ひろし》（「あさま山荘銃撃事件」死刑囚）も、『歌集　常《とこ》しへの道』で次のように詠っています。

確定し
外部交通遮断されぬ
静まれる房の不気味なること

ささいなる用に
鉄扉を開け給ふな
お迎へに敏《さと》きわれを知らぬか

死刑囚は、人間に許されている一切の欲望を断ち切られた存在です。同じ世間に在りながら、隔絶された「異なる世に棲《す》める者」(『歌集 常しへの道』)たちです。いつ訪れ来るか分からない死刑の執行の時まで不安と恐怖、絶望と生への執着におののき生きる人びとです。

しかし、私たちとて、所詮、死刑囚ではないでしょうか。国家権力によって死刑の判決を受けていなくとも、人間は誰しも、死の時も場所も自分の意のままにならない「死すべき者」であり、「死に運命づけられた者」ではないでしょうか。

確かに、私たちは死刑囚として獄舎に身を置いてはいません。それにもかかわらず、私たちは死刑囚と同じように、娑婆という獄舎に閉じ込められ、死から逃れ得ない存在であることは否定できない厳然たる事実です。私たちは、はたして死刑囚ほど死を意識し、生を意識して日々の一瞬を生きていると言えるのでしょうか。

今日、死刑の執行は、法律により、日曜日、土曜日、「国民の祝日に関する法律」に規定されている休日、そして一月二日、三日および一二月二九日から同月三一日までの日には行なわれないことになっています。

死刑執行の言渡しは、以前は数日前、少なくとも前日に行なわれていましたが、執行当日の朝、教誨師《きょうかいし》の立ち会いのうえで死刑囚に直接なされることになっています。執行までの一時間半ほど前だと言われています。

死刑囚には、その言渡しがいつ行なわれるかは分かりません。事実、死刑囚にとって、午前九時から一〇時は「魔の時刻」だと言われています。

彼らの述懐にしても、正午近くなればホッと一息つけると言われています（板津秀雄『死刑囚のうた』素朴社）。死刑囚は、死刑執行の言渡しの当日の朝までの日々、常に生死の境で生きているのです。

もとより、死刑囚と言っても人さまざまです。一九六八年から六九年にかけて東京、京都、函館、名古屋で四人を射殺した、いわゆる「連続ピストル射殺事件」の死刑囚・永山則夫《のりお》は、獄中で創作した小説『木橋《きばし》』で新日本文学賞を受賞し、その他の創作活動で文壇で一定の地位を獲得するまでに至ったことで知られています。

永山は、一九九七年八月、死刑が執行されました。その執行に際し、彼は自己の信ずる信条により激しく抵抗したと伝える証言が残されています（永山子ども基金編『ある遺言のゆくえ死刑囚永山則夫がのこしたもの』東京シューレ出版）。

これに対し、後述する「別府銀行員強盗殺人事件」死刑囚・二宮《にのみや》邦彦や、島秋人のペンネームで知られる「小千谷《おぢや》強盗殺人事件」死刑囚・中村覚《さとる》（後に千葉姓）などのように、被害者に対する贖罪《しょくざい》と懺悔《さんげ》の中に従容《しょうよう》として死刑台に立った死刑囚もいるのです。

東京、大阪の拘置所長を務めた後に、大阪の矯正管区の管区長を最後に官を辞した高橋良雄は、その刑務官としての生涯において一二名の死刑執行に立ち会いました。彼は、死刑囚と触れ合う生活の場で、「死刑囚もまたわが師なり」との心境を語っていますが、猪瀬直樹『死を見つめる仕事』（新潮社）の中で、インタビュアーの質問に対して次のように答えています。

「死刑囚って、別の人間のように社会的には思われるんですけど、私もそう思っておったです。そして、それは一段下にある人間だというふうに考えていたんですが、刑場ばかりでなくて、ふだんの接触を深めてある程度の安定した境地に立っている姿を見ていると、私は何だか、途中の座っているいすが違うだけで、同じ人間としての共感とか、あるいは、彼らのほうが人間的にかなり高いものを持っているということに打たれちゃったですね。」

しかし、世間一般の人びとが死刑囚を見る眼は、このように決して理解ある生易しいものではありません。人によっては、死刑囚は「殺人鬼」「極悪非道の畜生」と罵倒して石礫《せきれき》を投げつける人さえいるのです。

現に、「東京犯罪被害者支援センター」の開設者でもある菊田幸一明治大学名誉教授は、教授の許に送りつけられた一通の手紙をご自分のある講演の中で紹介しています（「犯罪者と加害者」「死刑を止めよう」宗教者ネットワーク編『宗教者が語る死刑廃止』現代書館）。それは、次のような手紙です。

「自分が、もしくは身内が被害にあったらどうするのですか。くだらないことを言いなさんな。あなたたちは、被害者の人権より死刑囚の人権を守ろうとしているのです。それにしても大学教授が死刑廃止を訴えるなんて。悪いことをすればどういう罰を受けるのか、小学生でも知っています。菊田幸一さん。本当に教授ですか。疑わしいです。だいたい、死刑囚は事件を起こしているときは鬼の気持ちになり、判決で死刑が出ると人間の気持ちが戻るなんて、ずるがしこい人間ですね。だから事件を起こすのです。正義とは、弱者を助け、強者をやっつける、それが人間界の正義ではないか。死刑囚は被害者を虫けらのように殺すのですよ。国家が同じようなことをしても、文句を言えないのではないか。純粋な小学生を感化させるな。あなたのやっていることは、人間のやっていることではない。犬畜生のやることだ。キリスト教、仏教の代表者は人間であるか。だいたい、死刑がなくなって終身刑になったら、囚人は反省しなくなります。それに犯罪が増えたりするわけです。宗教とは、犯罪が増加するのを助けるのですか。それが宗教家ですか。被害者、その遺族を助けなくていいのですか。あなたのやっていることは、オウムと大差ないですよ。これだけは言いたい。何が宗教者だ。悪魔に力添えしているなんて、正義はどこにある。正義は過去の話だ。菊田、正義はどこにある。」

確かに、死刑囚は殺人という人間にあるまじき残酷非道の大罪を犯した存在です。いのちを奪われた被害者やその遺族たちの悲しみ、苦しみ、怒り、怨みなどに思いをいたすとき、この手紙に見られる死刑囚に対する糾弾の情に共感する人びとも多いのも事実でしょう。そして、実際に、多くの国民もここまで極端でなくとも、これに似た感情を死刑囚に対して抱いているのかもしれません。

しかし、人間は、まさしく「人さまざま」です。それと同じように、死刑囚もまた「然り」です。

私たちが死刑囚を語るとき、どこまで死刑囚のことを理解しているのでしょうか。彼らは、自己の犯した罪とどう向き合っているのか、確定された死刑という自分の死をどう受け入れようとしているのか。彼らの心の奥底にあるもの、彼らを死刑囚たらしめたものは何か、彼らはいま何を考え、自分の死とどう向き合っているのか――そうしたことを私たちは、どこまで理解しているのでしょうか。

そもそも「人を裁く」とは何かを考える際、死刑囚の何者たるかの理解が、まず、問われることになるのではないでしょうか。

第三章　死刑囚の心の内にあるもの

「あさま山荘銃撃事件」等の死刑囚・坂口弘

坂口弘は、東京水産大学（現東京海洋大学）一年の夏に課外実習で、ある養殖組合で働いている水産労働者と知り合い、彼らの劣悪な労働状態に接したことが、人生の転機となりました。二年後、同大学を中退し、労働運動に参加するとともに、政党組織にも加入します。

二〇歳の時から九三年間、東京南部の工場街で労働運動に従事しましたが、ゼロからの出発で、それなりの苦労はあったものの、目に見える成果も上がって、充実した毎日を送ったと、坂口自らが語っています。生涯を一労働運動活動家で終えても悔いなしと自負していた坂口でしたが、所属していた組織の「左」寄りの闘争に参加してから、急激に転落の坂を転げ落ちることになります。

一九六九年九月、坂口は、愛知揆一《あいちきいち》外務大臣のソ連、アメリカ訪問阻止の羽田空港突入闘争に隊長として参加、海を泳ぎ、滑走路に入り、火炎瓶を投げ、逮捕されました。その後、彼は府中刑務所を保釈で出獄することになります。

その後、上赤塚交番襲撃事件の立案（一九七〇年一二月）、真岡銃砲店襲撃事件（一九七一年二月）で地下に潜伏し、革左人民革命軍と赤軍派中央軍を合体した統合司令部を設置し、統一赤軍を結成、統一赤軍から名称変更した連合赤軍に参加します。印旛沼《いんばぬま》殺害事件（一九七一年八月）で組織を離脱した元同志二人を殺害。山岳ベース事件（一九七一年一二月）の後、あさま山荘銃撃事件（一九七二年二月）で逮捕されました。

特に、あさま山荘銃撃事件では、坂口ほか、銃を持った五人が「あさま山荘」に人質を取って立て籠もり、一〇日目に警察官が突入し、五人は逮捕されます。この事件で警察官二人が銃撃により射殺され、民間人一人も射殺され、日本国中を震撼させました。

こうした一連の事件の結果として、坂口は、殺人一六、殺人未遂一七を含む、五五の訴因という、日本の裁判史上特筆すべき罪状で罪を問われることになったのです。

逮捕後、彼は、武装革命の必要性を疑問視し始め、特にリンチ＝「同志殺し」については反省を見せるなど、拘留中の態度は優良でした。しかし、一審・東京地方裁判所、控訴審・東京高等裁判所で死刑判決、最高裁判所で上告棄却、死刑が確定します。再審請求していましたが、二〇〇六年一一月二八日、東京地裁で棄却の決定が下されました。

現在、坂口弘は東京拘置所に在監、死刑の執行を待つだけの身となっています。

一九八六年春、控訴審が結審した頃に、坂口はある月刊誌のグラビア写真に載った西行《さいぎょう》の和歌「年たけて又こゆべしと思ひきや命なりけり佐夜《さや》の中山」（『山家集』）に出合います。この和歌との邂逅《かいこう》をきっかけに、彼は、支援者の協力を得て作歌の手ほどきを受けることになります。

そして、一九八九年五月と一二月に朝日新聞の「朝日歌壇」に、各一首が入選、掲載され、特に後者の入選歌は第一席に選ばれました。

死刑囚と呼ばるるよりも呼びすての今がまだしもよろしかりけり

その後、「朝日歌壇」にしばしば登場することになります。しかし、「東京都・坂口弘」とあっても、選者は「連赤の坂口」だと気づかなかったとのことです。

そうした短歌は、坂口の母である「坂口菊枝さんを支える会」の支援によって、一九八六年以来の約一六〇〇首の短歌から三〇七首を厳選し、一九九三年一一月に朝日新聞社より『坂口弘歌稿』として出版されました。

次いで、二〇〇七年に『歌集 常《とこ》しへの道』が出版されました。本歌集は、坂口自らが一九九三年から二〇〇一年まで総計二八六五首の中から五九三首を選んで編集したものです。同書の「あとがき」で、坂口は本歌集の意図を次のように記しています。

「一九九三年三月十七日死刑判決が確定したこの日、私は外界から引き離され、絞死刑の執行を待つだけの身になりました。正真正銘の現実世界でありながら、世間一般の社会とはまったく異なる世界。極めて特異な世界に足を踏み入れたこの機会に異次元の世界の実相を短歌で世の人に伝えたいと思いました。」

同歌集の出版の二〇〇七年は、坂口が獄中生活に入ってから、ちょうど三五年目の年ということになります。

坂口は、逮捕された後、次第に武装革命の必要性を疑問視し始めて、その心境を次のように詠っています。

山荘でニクソン訪中のテレビ観き時代に遅れ銃を撃ちたり

坂口は一九八六年に「日本死刑囚会議・麦の会」に入会しています。死刑判決が確定する以前のことです。麦の会は、死刑囚を会員とし、獄外の協力会員によって構成されています。その協力会員であり、逮捕以前の活動仲間であった友人に送った手紙の後半部分には、彼が殺めてしまった同志のことが綴られています。

「俺は事件後もかなり長い間、自分のことを忍耐強い男と思ってきた。それがこの作業（著者注・事件の実相、過ちの原因究明の作業）をしている間に、それほどでもないことを悟らされた。孤独と自己嫌悪との闘いは実に厳しく、俺は数え切れないほど打ちのめされた。そんな俺にとって、M社での想い出はこの上ない慰めであり、砂漠のオアシスだったのだ。

しかしながら、多数の犠牲者のことを思うと、こうして想い出を綴ることさえも負い目を感ぜざるをえない。彼等はほぼ全員が中堅、下部の人たちで、歳もまだ二〇代前半の若者が大半を占めていた。彼等は自分の真情を吐露することはおろか、われわれの理不尽な仕打ちに怒りをぶつけることさえかなわない。この不合理ゆえに、俺は事件いらい、折にふれて罪の意識に苛まれてきた。

風呂の湯水にひたれば、衣服をはいで裸体のまま土中に埋めたある人の顔が必ず想い出される。

別の犠牲者の顔によく似た職員に出会えば、心は一日中、重く沈んでいく。

本を読んでいて、犠牲者と同じ名前の活字にいき当たると、おのずから心は塞がっていく。暴力や殺人といった残酷な場面にいき当たれば、もう読めたものではない。

公判準備の合い間に、教養のための勉強をすれば、無限の可能性を奪った犠牲者に対して、

〝申し訳ない〟という気持ちになる。

夜、床につけば、必ずある犠牲者の顔が瞼《まぶた》に浮かんできて、容易に寝つけない。夜中に眼覚めて全身に寒気が走ると、厳寒の立木に緊縛した犠牲者の苦痛がしのばれてならない。

朝の三、四時ごろには、決まって地の底に引き摺り込まれていくような激しい自己嫌悪に襲われる。

そして事件から一五年間、俺の心象風景はいつも変わらず群馬・榛名《はるな》の山小屋なのだ。この風景は生涯、俺の脳裏から消え去ることはないであろう。」（日本死刑囚会議・麦の会編『死刑囚からあなたへ』インパクト出版会）

この手紙は、一九八七年時点での坂口の気持ちですが、その以後も終始一貫、彼は懺悔、贖罪の中に苦悶の生活を送っていることになります。坂口の『坂口弘歌稿』は、まさしく懺悔の歌集以外の何物でもありません。

その開巻劈頭《かいかんへきとう》の首句は、次の短歌で始まっています。

わが胸にリンチに死にし友らいて雪折れの枝叫び居るなり

事実、この歌集の「あとがき」で、「坂口菊枝さんを支える会」の高橋檀《まなみ》氏は懇切に坂口弘の懺悔の心を繰り返し述べています。

「私はこの文章を、『連合赤軍事件』にかかわって犠牲になられた皆さま、職務を遂行中に犠牲になられた皆さま、さまざまなかたちでの関係者・知人として心身共に生涯にわたる深い傷を負われたたくさんの皆さま、そしてそのご家族の皆さまへの、坂口弘さんのお詫びの気持ちをお伝えすることで始めたいと思います。―中略―犠牲になられたおひとりおひとりのご冥福をお祈りするとともに、今も事件の翳を引きずって生活しておられるたくさんの皆さまに改めて坂口さんのお詫びをお伝えしたいと思います。」

この歌集の一四年後に出版された『歌集　常《とこ》しへの道』も、坂口の懺悔の歌集です。この歌集の裏扉に『旧約聖書』「詩篇」第四九編第九節が記されています。

魂を贖《あがな》う値は高く
とこしえに、払い終えることはない。

この歌集の書名に寄せた彼の気持ちが、ここに如実に吐露されています。そして、本歌集の

第一章の題名が「ダンテ」であることも極めて示唆的です。次の短歌がここに収められています。

いつしかにダンテになぞらへ
現代の
地獄めぐりせる心地するなり

ダンテの『神曲』では、よく知られていますように、まずローマの詩人ウェルギリウスがダンテを地獄界に、そして次いでベアトリーチェが浄罪界《じょうざいかい》から天堂界《てんどう》へと道案内をしていきます。しかし、私には、坂口の心にはただ地獄界めぐりにとどまるのをよしとする心境が読み取られるような思いがしてなりません。

だが、坂口は獄舎の中に身を沈め、ただただ懺悔と贖罪の中で生きているのではありませんでした。『歌集 常しへの道』の開巻劈頭の扉に次のように書き記しています。

「われは大罪を犯せし身にて極刑の判決を三度下され、かの年かの日つひに判決確定となり、生きながらにして不帰の門をくぐりたりけり。

かかる転落の人生を歩むべき予感のごときものを物心つきし頃より思ふこと無きにしも非ざりき。わけても十八の歳に左翼運動を始めし時よりこの予感にをののきしこと少なからずありき。

さればかの年不帰の門をくぐれるは既定の道を歩めるがごとき思ひのするなり。定められし道を歩めるものならば、己が身の不運をいたづらに嘆くは愚かなるべし。むしろこれを人生そのものと受け容るべきものにあらずや。しかしてこの人生を能動的に生くべきものにあらずや。

かく思ひわれはおのが転落の人生の道行を歌に詠まむとすることを決意するものなり。またわれと同じく悲運の人生をかつて送り、今も送れる人人のその生きのありさまも詠まむとするものなり。さらにわれは異なる世に棲める者なれば、現世《げんせ》に起きてしかも現世のものならぬ様様な出来事も詠まむとするものなり。」（傍点・著者）

そして、本歌集の「あとがき」でも次のように記しています。

「武装闘争への関わり、印旛沼殺人事件、山岳ベース同志殺害事件、そしてあさま山荘銃撃事件など一連の重大事件の罪科を、私は生涯にわたり償ってゆかねばなりません。各事件の実相、過ちの原因究明などを作品化してゆく作業は、それ故、私の作歌生活の中心を占めます。」

坂口弘の作歌活動は、彼自身の懺悔と贖罪への道なのです。彼の魂は傷つき、病み、罪に深く沈んでいます。その贖いが彼の短歌となっているのです。彼にとって、その贖罪が短歌という作歌活動となって現われているのです。傷つき、病み、罪に沈んだ魂は、その作歌活動を通して立ち上がっているかのように思われます。

大罪の人生を従容として受容し、その人生を能動的に生きる――それはまさに信仰そのものではないでしょうか。そうであるとすれば、彼の短歌は祈り以外の何物でもないと言ってよいでしょう。

「別府銀行員強盗殺人事件」死刑囚・二宮邦彦

二宮邦彦は、一九六〇年、最高裁で死刑が確定、その一三年後の一九七三年、福岡拘置所で死刑が執行されました。享年四九歳でした（以下、矢貫隆著『刑場に消ゆ』〈文藝春秋〉による）。

彼は、その死刑確定後の一三年の間に一五〇〇冊もの点訳書を仕上げ、「点訳死刑囚」と呼ばれた人物です。一巻しか作れなかった最後の点訳書がドストエフスキーの『罪と罰』であったのも、二宮邦彦のすべてを語っているように思えてなりません。

一九四五年八月六日、広島上空で投下された原爆が炸裂し、その被爆により何十万人の人びとが傷つき、死亡しました。そうした被爆者の一人が、その時、広島市東白島町《ひがしはくしま》の芸備《げいび》銀行（現在の広島銀行）の独身寮で暮らしていた、当時二二歳の二宮邦彦でした。

二宮邦彦が芸備銀行に入行したのは、一年間だけ勤めた教師の職を辞した一九四二年、その二年後満州での軍隊生活、現地で体調を崩して入退院を繰り返した後、兵役免除で広島に戻り、芸備銀行に復帰し、敗戦の年の一二月結婚、しかしその半年後、被爆の後遺症で銀行の退職を余儀なくされました。

その後、半年ほどの療養生活を経て、化粧品・小間物・化学工業薬品の販売業、次いでタクシー会社を立ち上げたものの、素人の悲しさ、営業不振、株主間の不協和音が高まる中で夫婦間の争いも激しくなっていきます。そうした状態の中で、妻と彼の輩下の者との不倫という無惨な裏切りに出会い、深刻な精神的打撃に打ちのめされることになります。

信頼していた妻の裏切り、離婚、家庭の崩壊によって、二宮の生活は酒で荒れていきます。その後勤めた広島県厚生信用金庫も、就職時の条件を守らず、出張旅費さえ支給しない会社の不誠実に、彼は激怒します。そうして、二宮の心には会社への不信感と、かつての妻の裏切りが重なり合い、彼は世の中には信じられるものはないという絶望と孤独の中に追い込まれていきました。さらに勤務中に業務上横領事件を起こし、九州別府に逃れ、かつての知人と二輪車販売の共同経営に着手します。その仕事のうえで知り合ったのが、被害者となった、取引先の西日本相互銀行行員の小田島光一（仮名）でした。新しい仕事も不調で、共同経営者とも販売方法をめぐって意見が対立し、事業を始めて三カ月後に共同経営は解消するに至ります。そのわずかな期間に共同経営者の家に出入りしていたことから知り合いとなったのが、強盗殺人の罪および死体遺棄罪の共犯者となる大坂友也（仮名）でした。

一九五六年八月頃、二宮と大坂は金品欲しさから現金等を所持していることが確実と思われる集金中の銀行員から金銭を奪うことを話し合い、ついに同年九月三日頃、二宮の知り合いの小田島を殺害して同人から金員を強奪することを共謀し、同月五日夜、計画は実行に移されることになります。

第一審の福岡地方裁判所判決から、直接、判決文のうち事実認定に関する部分のごく一部分を抜粋、引用しておくことにしましょう。というのは、この部分は、後に二宮が判決の事実誤認や量刑の不当を理由に控訴、上告を行なうほか、再審請求や恩赦出願を行なうことになる経緯を知るうえで重要と思われるからです。

「被告人大坂も犯行当時未だ若者の身で、被告人二宮に比し遥かに思慮分別が浅かったことのほかには特に酌量すべき事情は見出し得ない。しかも該犯行は被告人両名の単なる金品欲しさから企図されたもので、それは驚くべき綿密な計画性を有し、且つ残忍を極め、その被害はすこぶる深刻であり、この計画は被告人二宮が考案し、同被告人より人生の経験において未熟な被告人大坂が右計画に従って行動したとはいえ、同被告人も前記犯行の基本的な計画には積極的に合意したものというほかなく、判示第一（註・強盗殺人）の犯行に直接手を下したものは被告人大坂であり、判示第二（註・死体遺棄）の犯行は被告人大坂が途中で逃走したため、被告人二宮がこれを完結していることが認められ、以上の情状に鑑みれば、その罪質は極悪であり、被告人両名の罪責はともに重大であるといわざるを得ない。それで被告人二宮に対しては、犯罪の情状その他諸般の状況を参酌しても毫も酌量すべき事由は存しないが、被告人大坂に対しては、その年齢、本件犯行において演じた役割等を考究するとき、なお若干の酌量すべき事由なしとしない。」

一九五八年九月一日、二宮に対しては死刑、大坂に対しては無期懲役の判決が言い渡されました。二宮は福岡高裁に控訴を申し立てますが、一九五九年四月三〇日、控訴棄却の判決、この判決にも納得できず最高裁に上告、一九六〇年六月二十八日、上告棄却の判決、ここで二宮の死刑は確定します。

しかし、彼は、これまで裁判所が認定した事実関係に多くの事実誤認があるとして再審請求を続け、恩赦出願まで行なっていきます。一九七三年五月に入って、ほぼ三年前の一九七〇年七月に行なった恩赦出願に対し「却下」の知らせが二宮に届けられました。

五月一〇日午後三時頃、二宮邦彦は、拘置所長から翌一一日午前一〇時に死刑を執行するとの告知を受けます。その告知通り、二宮は一九七三年五月一一日の朝、死刑の執行を受け、この世を去っていくことになります。

二宮は、死刑囚として福岡拘置所での獄中生活を始めた五日目、一九六〇年八月九日、教誨堂でキリスト者としての生き方へと導いてくれる牧師に出会いました。そして、その牧師から教えられた「マタイによる福音書」第四章第四節の「人はパンだけで生きるものではない。神の口から出る一つ一つの言葉で生きる」との話が、彼の心の眼を大きく開かせ、いつしか被害者と被害者の遺族のために祈る日々の生活へと入っていくことになります。

彼は、「恩赦願書」の中に次のように書き記しています。

「私共のこの一連の犯行は、今日ふり返ってみましても、自分自身、身の毛のよだちますほど悪辣、残忍を極めておりまして、とても人間業とは考えられません。

この犯行におよびます二年前、絶対の信頼と愛の唯一の対象でありました妻が、輩下の者と情を通じるという、その忌まわしい姿態をこの眼で目撃しましてからの私の心の在り方は甚だしく常軌を逸した激越、無思慮なものでありまして、以後の私は、一路、破局へ破局へと、谷底へ転がり落ちる岩石のように転落して参りましたことは確かで御座いますが、それにしましても終局に犯しましたこの犯行は、まことに言語道断でありまして、いささかも同情される余地のありませんことを顧みております。―中略―被害者、小田島光一氏の御無念を思いますとき、私に与えられましたこの極刑はむしろ当然であり、御遺族の御傷心は、それでもなお癒やされますものではございませんでしょう。」（傍点・筆者）

事実、彼は熱心なキリスト者でした。彼の遺品となった聖書が福岡中央教会に所蔵されています。その聖書のどの頁にも、赤鉛筆で下線を引いた箇所が無数にあります。特に「マタイによる福音書」「コリント人への手紙」「ヨハネの黙示録」の頁は、赤い線で真っ赤に染まっているとのことです。二宮が熟読したこの聖書は、彼がいかに敬虔なキリスト者であったかを如実に物語るものでした。

しかし、二宮はその一三年間にわたる獄中生活において、ついぞ洗礼を受けることはありませんでした。彼が洗礼を受けたのは、死刑執行の当日、しかもその執行の一〇分前のことだったのです。彼も、坂口弘と同じように、「魂を贖《あがな》う値は高く　とこしえに、払い終えることはない」（『旧約聖書』「詩篇」第四九編第九節）という深い懺悔と贖罪の中で生きていたのです。

彼が「恩赦願書」を書いていた頃、二宮が終生「姉」と呼び慕い続けた産婦人科医の菊川益恵医師に宛てた手紙の中に、次のような一文があります。

「私のような大罪人が、そう易々と聖書の言葉どおりに受け入れられるほど甘いとは思っておりません。それでもそのような教界（引用ママ）にあって、その中で生きてゆかなければならないのです。

孤独な信徒として、聖書にある人間愛を、博愛を教えた言葉を、羨ましそうに眺めながら、現実にその埒外でしか生きてゆけないのです。こんな信仰は、横のつながりをすべて兄弟という言葉によって呼ばれますキリスト教においてあり得ないことなのです。

私の信仰は、現実の関わりという点で引き裂かれております。」（傍点・筆者）

また、二宮が七七六冊の点訳書を送り続けた近江兄弟社図書館の荒木優館長に宛てた遺言の書――死刑執行の前夜遅く、翌朝の刑執行の一〇時間前――で次のように書き記しています。

「私は、このたびこのような形で地上を去りますことが聖書の上で、神の御旨とは信じられません。それで、その時、どのような審判をされるかもわからないでおります。御旨にそわないことがはっきりしていましても、地上を去れば必ずみ手のうちにだきとって貰える保証が聖書には見当たらないのです。ですが、御旨にそわないゆき方をも含めて、聖キリストの十字架の

血によって許されるならば、本当に感謝で御座います。」（傍点・筆者）

二宮が点訳奉仕をするようになるのは、死刑判決が確定して間もない頃でした。福岡拘置所の刑務官の教育部長の尽力で死刑囚の間で点訳奉仕が、いわば流行のようになっていたのです。二宮はこの教育部長の勧めがあって、点字の勉強を始め、一九六〇年の一二月にはすでに一冊の本の点訳を完成させています。

最初の一年半は点字板と点字針を使っての作業でした。点字板を使っての点訳は、時間と労力が必要な、実に手間のかかる作業です。一心不乱に打ち続けても、一日で打てるのは点訳書の頁数にして二十数枚にしかなりません。二〇枚も打てば目眩はするし、肩が凝って首が回らなくなってしまいます。

夏はいざ知らず、冬の獄中は想像を絶する寒さだと言います。剥き出しのコンクリート壁の独房には、もちろん、寒気を暖めるための暖房設備はありません。冬の獄中では、手袋を着けなければ、手紙の文字も書くことはできないのです。

坂口弘の歌集に、手袋を必要としなくなった春の暖かさ——それゆえにこそ、獄舎の冬の寒さがいかに厳しいものかを詠った死刑囚の感慨が収められています。

獄の春手紙を書けば手袋を脱ぎしわが手のみずみずしさよ

二宮にとっても、冬の寒さが厳しいものであったことは言うまでもありません。彼の手は、冬の寒さでひびわれとあかぎれでささくれだち、指先と言えば、点字針の握りしめで曲がったまま、そんな手と指で日中のほとんどの時間、点字板に点字針を打ち込んでいたのです。

一九六三年の夏、点訳奉仕の作業を始めてから一年半が経た頃、近江兄弟社が運営する近江サナトリウムで看護業務に従事し、二宮が信仰の姉とも仰いだ看護師から点字タイプライター購入の手配に恵まれました。この点字タイプライターによって、点字板の三倍の速さで点字が打てることになりました。

しかし、獄中で拘置所から認められている点字タイプライターの使用時間は、午前七時から夕方の午後五時二〇分まで、それ以降は点字タイプライターを拘置所に預けなければなりません。二宮に与えられたこの時間、夏といい、冬といい、日中、二宮のほとんどの時間がひたすら心血を注いで点訳の作業に注がれていくことになります。

そのようにして、彼は処刑されるまでの一三年の間に一五〇〇冊の点字書を完成させていきます。その中には、アンドレ・ジイドの『田園交響楽』、ドストエフスキーの『白夜』『カラマーゾフの兄弟』、ロマン・ロランの『ベートーベンの生涯』『ジャン・クリストフ』、トルストイの『アンナ・カレーニナ』といった古典的大著から、山岡荘八『徳川家康』、吉川英治『新書太閤記』、菊池寛の『恩讐《おんしゅう》の彼方《かなた》に』、石坂洋次郎『若い人』、五味川純平『戦争と人間』、立原正秋『冬の旅』、横山光輝『異本太閤記』、野坂昭如・米倉斉加年『マッチ売りの少女』、吉屋信子『ときの声』等々、それこそ東西古今を問わず、各種各分野の書物が点訳されています。

そして、これらの点訳書は、二宮が終生、深き縁を持ち続けた近江兄弟社図書館や近江八幡市立図書館や岡山県視覚障害者センターをはじめ、熊本県・兵庫県・滋賀県・静岡県・富山県など各地の盲学校や視覚障害者のための施設、そして各地で居住している個々人の視覚障害者に送り続けられていきました。

薄っぺらの文庫本でも、点訳すれば、厚さ六センチの百科事典大の点訳書が二冊になってしまうと言われます。二宮はそれを一五〇〇冊も仕上げたのです。

点字打ちから製本に至るまで点訳書が出来上がるまでの一切の作業から、完成した点訳書を発送するために使う袋まで、一切合財が彼の手作り点訳書のすべてを誰の手も借りることなく、彼自身の力で作り上げていきました。

彼の手になる一五〇〇冊の点訳書を一堂に集め、書架に並べ置いたとします。その様は、まさしく瞠目《どうもく》すべき圧巻、驚異的偉観を呈することになりましょう。

二宮邦彦をしてここまで点訳奉仕に駆り立てたものは、一体、なんであったのでしょうか。人はこれを「贖罪のため」と言うかもしれません。しかし、贖罪以上のものがあったと私には思えてなりません。

彼は、先に掲げた菊川益恵に宛てた手紙の中で、次のように書き綴っています。「鬼と言われ、畜生と呼ばれた自分が、点訳奉仕をしているというだけできれいごとを並べても世の中の人に許してはもらえない」「私のような大罪人が、そう易々と聖書の言葉どおりに受け入れられるほど甘いとは思っておりません」とも書き伝えています。

二宮の贖罪の点訳奉仕は、確かに、自分の犯した罪過ちを懺悔し、とことんまで償い尽くすという気持ちの表われであったことは疑いのないところです。しかしそれと同時に、この点訳奉仕は二宮自身にとって自分が生きていることの証そのものであったのではないでしょうか。

二宮邦彦は、これまで拒み続けてきた洗礼を刑執行の一〇分前に受けました。彼は、彼自らが刑執行の立会を依頼した野田牧師に「マタイによる福音書」第六章第二五節以下を示し、刑死に向かう今際《いまわ》の心境を静かに、淡々と次のように語っています。

「長い生涯でいろいろな事を思い煩ってきましたし、捕らえられてから、房内でも様々な事を考えてきましたが、今はもう何もありません。本当にすっきりしてしまいました。今まで私は、何を何のために悩み考え巡らしていたのかと反省します。主の前に、もう何も考える必要はないということ、思い煩いがすべてなくなってしまったということを、先生、信じて下さい。自分でも予想もしていませんでした。最後にこのようにすっきりとなってしまえるということは、考えてもいませんでした。もう死ぬのできれいごとを言っているというように思わないで下さい。本当にそうなんですから。」

死へのすべての儀式が終わった後、二宮は自分の刑死を執行し、これを確認するための任務を課せられている刑務官たちに丁寧に礼を述べ、「では参りましょう」と、自ら彼らを促し、刑場に足を向けました。

二宮は、刑執行の前夜、世話になった人びとに遺書を書きしたためています。彼が妹のように可愛がっていた、岡山の盲学校に通う視覚障害者谷本和子だけには平仮名で遺書を書いています。彼女への遺書は、二宮自身の心からの祈りと言ってよいでしょう。

「ゆうべ『短歌入門』をかきましたが、もう『短歌入門』もてんやくもできなくなりました。ぼくは、あす、五月十一日、ごぜん十じにしょけいされます。…… こんや、てがみをたくさんかいたけれど、なみだがでたのは、いま、はじめてですよ。いまはじめて、なみだがでました。

ぼくは、もっともっと、あなたの力になっておくべきでした。なにひとつじゅうぶんなことができず、ほんとうにすみませんでした。ゆるして下さい。あなただけが、こんなりっぱな生きかたをして、ぼくは、なんのやくにもたてなかった。すみません。どうかゆるして下さい……ぼくは、もうぜったい、こんなバカなまねはしません。いちばんつらくて、いちばん苦しいみちをじぶんですすんだのです。もう、こんなことはしません。うまれかわった時は、だれにもはじないい、りっぱなおとことしていきてゆきます。あんしんして下さい。がんばって下さいね。ただしい人だけが、さいごはかちます。

では、さようなら。」

近江兄弟社図書館の荒木優館長に宛てた遺書の最後の頁にも、彼の祈りの言葉が次のように書き記されています。「日本にも死刑になるような犯罪がなくなり、また、死刑そのものもなくなりまして明るい真の平和が一日も早くおとずれますよう、切に祈って参ります」。

二宮邦彦の獄囚としての生活は、自己の犯した罪を全人格で受容し、被害者に身心の奥底から懺悔し、償いとして自己の身を捧げた一三年でした。彼の祈りは、彼自身の心の平安を願う心から飛翔して、他の人びとの幸せを願い、社会の平和を願う心をも包み込む大きな無私の祈りへと昇華しているように思えてなりません。

「小千谷強盗殺人事件」死刑囚・中村覚（後に千葉姓）

一九六二年六月、最高裁で死刑が確定した「小千谷強盗殺人事件」死刑囚・中村覚（後に千葉姓）は、一九六七年一一月、東京・小菅《こすげ》刑務所（現東京拘置所）において死刑の執行を受け、この世を去りました。享年三三歳でした。

彼は、「島秋人」のペンネームで「獄窓の歌人」と言われた人です。「島秋人」は、中学校時代の恩師の妻、吉田絢子等から送られたペンネームで、「当囚人」の音読みの名前なのです。

中村覚（以下、「島秋人」で呼ぶことにする）は、幼少を満州で育ち、終戦の前、父母と共に新潟県柏崎市に一家で引揚げてきました。敗戦で父は職を失い、母は貧窮の中で結核で死亡しました。

島秋人自身も、身体小さく、身体弱く、中耳炎・百日咳・カリエス・蓄膿症・脳膜炎など多くの病を患った病弱の少年でした。小学校でも中学校でも成績は一番下で、いつも教師から叱られていました。彼自身の言葉を借りれば、「低能あつかい」にされていたのです。

その当時のことを詠ったと思われる彼の短歌二首を掲げておきましょう。

鉄鋲の多き靴にてけられたる憶ひが愛《かな》しあまりに遠く
字を知らず打たれし憶ひのなつかしさ掌《て》ずれし辞書は獄《ひとや》に愛し

中学校を卒業した島は、ガラス工場やクリーニング店などに雇われ、仕事をすることになります。しかし、いずれも長く続かず、さまざまな苛《いじ》めを受けていく中で次第に性格の歪みを見せるようになります。そして、いつしか非行を重ね、強盗殺人未遂を犯して特別少年院に収容されます。

その後も、非現住建物放火の罪を犯し、懲役四年の判決を受け、松山刑務所に服役することになります。そこでヒステリー性性格異常者と診断され、医療刑務所に収容されるのです。

一九五八年一〇月、医療刑務所からの出所にともない、長岡市の県立精神病院に強制収容させられますが、そこでまた、病院の看護人の暴力と暴言、人権無視の地獄に苦しむことになります。ついに、この苦しみに耐えかねた島は、父親を騙して四カ月でそこを出て、父の許にいわば逃げ帰ることになります。一九五九年二月のことでした。

しかし、父の家はあまりにも貧しいものでした。そこで、市内の研磨工場に見習工として勤めますが、職場の面でも家庭の面でも居場所がなくなってしまいます。同年三月、彼は上京を計画し、家出を決行、各所を放浪した挙げ句、柏崎に舞い戻ります。

　そして、雨の中、盗んだ自転車であちこちと逃げまわる途中で、疲れと空腹でへたばってしまい、雨宿りのつもりで小千谷市の農家である被害者の家に辿り着くことになったのです。これが悲劇の始まりでした。

　その家の妻にたまたま発見された島は、主人に金槌で重傷を負わせ、妻を絞殺し、現金二〇〇〇円、背広上衣等四二点を奪って逃走しますが、ほどなく逮捕されることになります。静かな田舎の農村で突然起きたこの強盗殺人事件は、この地方にいかに大きな衝撃を与えたかは察するにあまりあるものがあります。

　一九六〇年三月、島は「窃盗、強盗殺人、同未遂」各罪で、新潟地方裁判所長岡支部で死刑の判決を言い渡されます。判決を不服として東京高裁に控訴しますが、一九六一年控訴棄却の判決、判決を不服として上告します。一九六二年、最高裁で上告棄却の判決が下され、ここに死刑が確定しました。

　五年と五カ月後の一九六七年一一月二日、島秋人は辞世とも言うべき最後の短歌五首を残し、刑場の露と消えていきました。いま、ここではそのうちの三首のみを掲げておきましょう。

この澄めるこころ在《あ》るとは識《し》らず来て刑死の明日に迫る夜温《ぬく》し
土ちかき部屋に移され処刑待つひとときを温《ぬく》きいのち愛《いと》しむ
詫ぶべしとさびしさ迫るこのいのち詫ぶべきものの心に向くる

強盗殺人罪を犯し、死刑囚となった島秋人に「人間」を取り戻させたものは、なんであったのでしょうか。彼の心を救い、彼の人生を「悪人」のそれから「善人」のそれへと変えたのは、なんであったのでしょうか。

島が生前出版の望みを持ちつつもそれをとりやめ、死後出版に心を変えて公刊されるに至った『遺愛集』の「あとがき」の中で、彼自らがそれを語っています。いささか長々となりますが、彼の言葉を引用しておきましょう。

「私が短歌を始めた事のなりゆきは、昭和三十五年の秋に拘置所の図書を一冊読んでであった。それは、開高健著の『裸の王様』を読んでのことであった。その中に、絵を描くことによって暗い孤独感の強い少年の心が少しずつひらかれてゆくと云うすじであって、当時の私の心を打った読後感とともに、私は絵を描きたい、そして童心を覚ましたい、昔に帰りたい思いを強くさせられた。しかし、当時は絵を描くことを許されていなかった身には、描きたい思いがふきあがって来るだけで絵は描けなかった。せめて、児童図画を見ることによってと思い、図画の先生でもあった、又、ほめられた事の極めて少ない私が図画の時間に絵はへたくそだけど構図がよいと云ってほめられた事のある先生であり、中学一年の時担任の先生でもあった、吉田好道先生に当時の身分と理由とを書き、子供の描いた図画が欲しいとお願いした。

その返書は、親身なもので、自分に対するおどろきと反省をよびおこす優しさで満ちていた。同封されて奥様の手紙があり、その中に少年期を過した家の前の香積寺とそのお住職様を詠んだ短歌が三首添えてあった。これが私の短歌に接した初めであって、過ぎし日のなつかしさもあり歌は何とよいものであろうかと思った。これがきっかけとなり、又、刺激ともなって、自身にふさわしいものとし得て、時折りに詠みはじめ詠んで今日に至っている。」

中学時代の恩師のたった一言のほめ言葉が、そして恩師の妻が添えた恩情の短歌三首が、子供時代に低能と呼ばれ、精薄と蔑《さげす》まれた島秋人の心を救い、彼の作歌の才能の花を開かせ、彼に生きる勇気を与えたのです。

うとまれつつ卒へし死囚に旧《ふる》き師の記憶にあらぬ良き憶ひあり
ほめられしひとつのことのうれしかりいのち愛《いと》しむ夜のおもひに

やさしき旧師の妻の便り得て看守に向くる顔の笑みたり

死刑囚は孤独です。その孤独の死刑囚の運命を大きく変えたのが短歌でした。その導きの人が恩師夫人の吉田絢子だったのです。この女性こそ、島秋人を浄罪界から天堂界へと導いた、まさしく『神曲』におけるベアトリーチェその人であったのです。

島の短歌を詠む感性を見抜いた絢子夫人は島に、自分が参加していた柏崎の短歌結社「朱《あけ》」に投稿を勧めます。その投稿が増えるにしたがって作歌の力量も大きくなり、一九六〇年の暮れ、『小説新潮』（一二月号）の歌壇に島秋人の短歌が入選します。

さらに、夫人は彼に、窪田空穂《くぼたうつぼ》が選者である「毎日歌壇」に投稿を勧めます。そうした投稿が契機となって空穂から直接の指導を受け、一九六三年七月、「毎日歌壇賞」に島秋人の短歌が選ばれることになりました。受賞した作品は、次の短歌です。

温《ぬく》もりの残れるセーターたたむ夜《よる》ひと日のいのち双掌《もろて》に愛《いと》しむ

旧師夫人吉田絢子から贈られたセーターのことを詠んだものでしょう。選者であった窪田空穂は、この短歌に次のような評を与えています。

「この作者島秋人というのは筆名で、死刑が確定し東京拘置所に拘置されている青年である。父は終戦後外地から引揚げた人で、母はなく、つぶさに生活苦をなめ、凶行はその延長であったらしい。

秋人の歌の対象の主体は、自身の生命の愛惜である。それに徹すると、他人の生命を奪った罪は、死をもって謝するよりほかなきことを痛感し、現在は、平静な心をもって処刑の日を待つようになっている。生命の愛惜感を直写した歌は多くの人の胸に触れうる。この歌も正直で、素朴で、暖かい哀感にうるおっている。作者の過去を除外しても推薦に値するとして選出した。」

（毎日新聞、一九六三年七月二八日）

島秋人が洗礼を受け、文字通りキリスト者としての道を歩むようになるのは、最高裁で死刑が確定する六カ月後の、「毎日歌壇賞」を受賞する半年前の一九六二年一二月のことでした。

島をキリスト教の信仰への道に導いたのは、後に彼との養子縁組により養母となる千葉てる子という女性でした。養子縁組の目的は、島には死後の献体のため身柄引受人が必要であったからです。その間の事情を、彼は『遺愛集』の「あとがき」で次のように書き記しています。

「最近私は養母を得た。死後に角膜を差し上げること、死体を役立てるために必要な事によって義母になってもらった千葉てる子と云う人は、長い間私の義姉としてキリストを信じさせてくれいろいろなわがままを聞いてくれた人であり、私にとって生みの母におとらない母である。私は心のままに『おかあさん』と書いて手紙を出している。誠に幸せに余る日日を過している。」

キリスト者としての彼の信仰は、後にも紹介する、処刑寸前の「最後の祈り」からも彼の信仰の深さを思い知ることができます。しかし、彼の心の中では短歌は彼のいのちそのものでした。そして、その短歌を生み出す原動力となっていたのが、彼の贖罪の心でした。

島が『遺愛集』の「あとがき」を、先に掲げた文章に続いて次の言葉で結んでいます。

「母を得て感じる事は自身の罪の重大さである。母を亡（く）した被害者のお子様に対するお詫びであり、死をもってする詫びでありながら足りない申しわけないこと、詫びて済まない日日の悔悟であり、人の、すべての生あるものの生命のいかに尊いものかを悟らされたことである。

この思念が遺愛集であり、私の至り得た生命のすべてである。」

彼は洗礼を受けた日、『遺愛集』という題名の名付け親とも言うべき若き女学生・前坂和子に宛てた手紙（一九六二年一二月四日）の中で次のように書き送っています。

「クリスチャンとなってても生きれるだけ生きたいものだ。只生きているだけと言う意味ではなく、何か作りあげつつ生きてゆくと言う気分だね。」

処刑の日を待つのみの島が「何か作りあげつつ生きてゆく」という「何か」とは、なんであったのでしょうか。彼は短歌作歌の恩師と仰いでいた窪田空穂に宛てた手紙（一九六四年五月一〇日）の中で次のように書き記しています。

「被害者の方に、罪を犯した人間が出来る限りの反省と悔いに罪を詫びて、正しさにみちびかれてお詫びとしては足りない罰の上に心からの更生をすることを知っていただき、みたまに詫び、家族に詫び罪人であれ人間であったと云うことをも知っていただきたいのが生前、死後を問わず歌集の出版の趣意なのです。そして遺品でもあるのです。」

そして、彼はこの心情を次のように詠んでいます。

縋《すが》れよと歌を詠めよと云いたまふ九十の師のみふみあたたかし

島秋人のいのちそのものとも言うべき短歌の源泉は、彼の徹底した罪に対する懺悔と贖罪の心であり、お詫びとしての死刑の受容であったのです。

たまはりし花をかざりて被害者の命日の夜を深く詫びたり
処刑受けお詫びとなさむ心ぬち生きたき思ひ日日にあり悔ゆ

島は、独り監房の中で懺悔と贖罪の日々を短歌と共に生きていました。それにもかかわらず、彼は生前、ついぞ被害者の親族に「お詫び」の手紙を書くことはしませんでした。彼は、その理由を「上告趣意書」の中で、次のように書き記しています。

「私は今日まで被害者のお宅にお詫びのお手紙を出して居りませんが今お詫びのお手紙を出しては何となく自分が助かりたいためのお詫びになってしまいます。せめて死刑を受けて確定となってからお詫びがしたいと思います。これが死刑とか殺人でなかったら早くお詫びいたしますが今の私はおわびがしたくても何と云って良いか何を持ってお詫びしてよいかわからず過ごしてしまいましたが、せめて確定してお詫び出来る日までつつしんで人間らしく過ごすことに致します。」(原文のまま)

島は処刑の一一月二日の前夜、これまで物心両面にわたって支えてくれた人びとにそれぞれ遺書を書き残しました。そのうちの一人、恩師夫人の吉田絢子に宛てた遺書に被害者の夫へのお詫び状の送付のことを依頼しています。

「奥様
とうとうお別れです。僕との最後の面会は前坂君も来てくれるので前坂君から聞いて下さいね。

思い残すことは歌集出版がやはり死後になることですね。

被害者の鈴木様へのお詫び状を同封致しますからおとどけして下さいね。僕の父や弟などのことはなるべく知れないよう守って下さいね。父達も可愛そうな被害者なのです。

短歌を知って僕はよかったと思って感謝しています。

僕の事は自分で刑に服してつぐないとする外に道のないものとあきらめています。覚悟は静かに深く持っています。

長い間のご厚情を感謝致します。ありがとうございます。

十一月二日朝（註・処刑の日）　覚（本名）」

そして、被害者の夫と妻、家族の人びとへの詫び状には次のように書き記されていた。

「鈴木様（注・被害者の鈴木福治さんに宛てたもの）

長い間、お詫びも申し上げず過していました。申しわけありません。本日処刑を受けることになり、ここに深く罪をお詫び致します。

最後まで犯した罪を悔いて居りました。亡き奥様にご報告して下さい。私は詫びても詫び足りず、ひたすらに悔を深めるのみでございます。死によっていくらかでもお心の癒やされます事をお願い申上げます。申しわけない事でありました。ここに記しお詫びの事に代えます。

みな様の御幸福をお祈り申上げます。

昭和四十二年十一月二日朝（註・処刑の日）　　　千葉　覚」

島は、自分に科せられる死刑が自分を真の自分へと浄化させてくれる贖罪にほかならないものとして受容していたのです。彼は、これを前坂和子に宛てた手紙（一九六二年一一月二八日）の中で「死刑を賜うた」と表現しています。

「僕は『気の弱い人間』でしかない者だったと思う。人生って不思議なものです。わからないなあーと思う。でも、とても生きることが尊いって事だけはわかります。僕は犯した罪に対しては『死刑だから仕方ない受ける』と言うのでなく『死刑を賜った』と思って刑に服したいと思っています。罪は罪。生きたい思いとは又別な事だと思わなければならない。」

前坂に宛てた別の手紙（一九六二年一二月二八日）には、次のように書き記しています。

「悔いから反省へ、反省から実際に自己を真実に生かしたい、と思っています。死刑囚としてではなく、殺人犯としてのつつしみをもっときびしく見つめる事だと思います。死刑は当たり前のものなのに、何か不当なものを受けさせられると思っている、いた、考えを捨てることです。死刑囚である前に強殺犯であること、僕の死より被害者のいのちは何百万倍も惜しい尊いいのちであることを反省しなければならない。」

さらにまた、「毎日歌壇賞」を受賞した一九六三年、前坂に宛てた手紙の中で「僕は死刑囚になったおかげで本当に生きることの喜びと人生を知った」（一九六三年一月二一日）と書き、また、「今日はしみじみと死刑囚になって良かったなあーと思う一日でした。もし無期だったら、今の僕の人生はないと思うからです。土屋先生（注・国選弁護人、後に無報酬で最後まで弁護に当たった）とも同じことを語りました」（一九六三年三月二八日）と書いています。

島は、こうした心境を次のように詠んでいます。

歌詠みて悟《し》り得し今《いま》の愛《かな》しさは死刑あらねば知らざりし幸
たまはりし処刑日までのいのちなり心素直に生きねばならぬ

一九六七年一一月二日、午前一〇時、処刑の寸前、島秋人は「最後の祈り」をしました（高橋良雄『鉄窓の花びら』）。

「ねがわくは、精薄や貧しき子らも疎まれず、幼きころよりこの人々に、正しき導きと神のみ恵みが与えられ、わたくし如き愚かな者の死の後は、死刑が廃されても、犯罪なき世の中がうち建てられますように、わたくしにもまして辛き立場にある人々の上にみ恵みあらんことを、主イエスキリストのみ名により　アーメン」

島は、貧窮の中で育ち、多くの病をかかえ、低能と馬鹿にされ、精薄と蔑《さげす》まれ、苛められ、小さな盗みを重ねるうちに、やがて二児の母親の生命を奪うという大罪を犯しました。自分のような罪人がこの世に現われてはならないことを、彼は祈り続けていたのです。

死刑執行のほぼ一年前、窪田空穂の長男章一郎に宛てた手紙の中で次のように書き記しています。「一年かかるか終るメドがつきません。書きつくせるだけを書き残して貧しい精薄児か死刑囚でも教育によって人の情か誠によって歌を得て、更生してゆく上に、役に立てられるようなものとなるようにと書いています」（一九六六年一二月二一日）。

そして、死刑執行の八日前の手紙の中で、師に対する感謝の言葉を述べながら、次のように訴えています。

「私は少年時代には、ていのう児と云われ満州から内地に引揚げてからの生活の貧しさに弱い躰と頭のはっきりしない事でとても苦しい目に会って来ました。でも小さい時から私は正しいことを大事にしてずるがしこい者、表裏のある者を極端にきらっていましたので友人はほとんどありませんでした。

長所を伸ばす教育が弱い人間、普通よりも劣る人間には一番大切です（〇）ダメな人間、ダメなやつと云はれればなおさらいしゅくして伸びなくひがみます。ほめてくれると云うことが過去の私の一番うれしいことでした。大法輪に空穂先生が私の歌のことをお書き下さったのを読み、とてもうれしくてなりませんでした。

良き師を得たよろこびでいっぱいでした。」（一九六七年一〇月二五日）

島は、自分の死刑執行の日が近づいていることに気づいていました。それだけに、自分の生命の証として詠んできた歌集『遺愛集』を死後、いつでも出版できるよう手配をしておきたかったのでしょう。間もなく訪れる死刑執行の三日前、彼は窪田章一郎宛ての手紙の中で次のように書き記しています。

「二十五日に処刑があり落付かない日を過しました。私は三十数名の内の古い方から三番目となり何時《いつ》処刑かわからなく毎朝とてもきんちょうさせられます。この様な処で誠にせくようですが、歌集の原稿の清書を今、あげましたので、先生のご指示をお待ち致して居ります。あと自分の『あとがき』を書くことが必要なのでしょうか。

自分の歌をよく云うのはおかしいですけど原稿を清書していて、成長過程がよく出ていると思いました。たくさんの人々に読んでいただきたいと思いました。特に教育者に。精薄児教育の方、家族に。」（一九六七年一〇月三〇日）

島秋人は、精薄であろうと貧しき者であろうと、差別されることのない社会を、このような人びとが慈しまれる社会を、すべての者のいのちが尊重される社会を望んでいました。

罪人を作り出さない社会を、いかに愚かな者でも、内に秘めた可能性を引き出してくれる教育によって賢き者へと育て導く社会を、彼は魂の奥底から望んでいたのです。

彼は、どんな人でも、世に「精薄」と呼ばれる人であっても、無限の可能性を秘めていることを、それを引き出してくれる教育の力を、そして教育する者の使命を、親たると教育現場の教師たるとを問わず、はたまた社会の実際の場で教育の任に当たる人とを問わず、すべての人びとに自分のいのちをかけて静かに訴えかけていたのです。

しかし、島はこの望みを声高に叫ぶようなことはしませんでした。彼は、「死刑囚である前に強殺犯であること、僕の死より被害者のいのちは何百万倍も惜しい尊いいのちであること」を実感していたのです。

島秋人は、その全人格をかけて深く懺悔し、その贖罪として死刑を当然のことと甘受し、自ら進んで粛々と死刑執行の場に歩んでいきました。島秋人のその姿からは、浄化の証としてまるで自分の身を捧げる覚者《かくしゃ》の面影を見る思いがするのは、はたして私一人でしょうか。

坂口弘・二宮邦彦・島秋人のことを思うと、私は大岡裁きの「親殺しの熊吉」の話が思い出されてなりません。

時は徳川時代に遡《さかのぼ》ります。江戸町奉行であった大岡越前守が熊吉という親殺しの大悪人を捕まえて取調べをいたします。ところが、この熊吉は無学で読み書きができず、親を殺した罪がいかに重い罪であるかが分かりません。

親殺しということの重さを知らない人間をいかに処罰したところで、殺された親も浮かばれないし、熊吉自身も救われません。そこで、越前守は親殺しがいかに重罪であるかを熊吉に自身がはっきりと自覚できるように、熊吉を三年の間、寺子屋で学問をさせます。

熊吉は、三年間の学びによってはじめて自分の犯した罪がいかに重いものか、自分がいかに親不孝な人間であったかを悟ります。そして、あらためて越前守の前に進み出て、裁きを受けたいと申し出ます。越前守は、「お前が親殺しの罪を悟って、真から『あぁ悪かった』『申し訳なかった』と、それが分かったなら、それでは法の裁きをしてやろう」と申し渡します。いまや、熊吉は喜んで罪の裁きを受ける心になったというのです。

人間を不幸に落とし入れる最大の原因は、すでに述べましたように根元的煩悩である貪・瞋・痴の三毒です。親殺しの何たるかを知らないその「痴」、真理を知らず、真理を知ろうとしないその「痴」が熊吉を親殺しの大罪を犯させたのです。この話は、人間が自分の内に本来備わる智恵の働きに気づかずにいるとき、人間は欲望の衝動のままに、後先を考えず行動するものだという、その愚かさを教えているのでしょう。

唯識《ゆいしき》の教えに「転識得智《てんじきとくち》」という言葉があります。欲望の知識を転じて真実の道に至る智恵を得るということでしょうか。

私たちにとって大切なことは、欲望の知、すなわち「痴」をいかにして本質なるものを見極める智恵の「智」に転じるか、ということではないでしょうか。まことに、「無智は罪悪なり」なのです。

私たちには、この世に生まれ出て以来家庭にあって、両親の膝の上で、そして兄弟姉妹の交わりの中で、長じて友だちや学校の先生の教えの中で、社会に出てさまざまな人間関係の中で、家庭、地域、学校、そして社会のさまざまな場で「痴」の愚かさに気づいて「智」の大切さ、「智恵」の大切さを学んでいくかが問われているのでしょう。

人間は、心一つ、どんな縁に触れるかによって善にもなれば悪にもなる、あるときは鬼にもなれば、あるときは仏にもなる——これが人間というものの存在なのです。それだけに、真理を見極める智恵の力を体得することがなによりも大切ということになりましょう。

釈尊は、原始経典の一つである『ダンマパダ（法句経《ほっくきょう》）』（以下、本書では岩波文庫の中村元訳『ブッダの真理のことば 感興のことば』より引用）の冒頭で次のように説かれています。

ものごとは心にもとづき、心を主とし、心によってつくり出される。もしも汚れた心で話したり行なったりするならば、苦しみはその人につき従う。——車をひく（牛）の足跡に車輪がついて行くように。［第一偈《げ》］

ものごとは心にもとづき、心を主とし、心によってつくり出される。もしも清らかな心で話したり行なったりするならば、福楽はその人につき従う。——影がそのからだから離れないように。［第二偈］

第四章　仏伝に見る凶悪犯罪者の罪と罰

アングリマーラ

人間というものは、いかなる縁に触れるかによって、悪にもなり、善にもなる、あらゆる可能性を内に秘めた不可思議な存在です。世間の人びとから「人でなし」「殺人鬼」「極悪非道」と罵詈雑言《ばりぞうごん》を浴びせられ、糾弾された罪人であっても、正法へと導く師との出会いに恵まれれば、坂口弘のように「魂を贖《あがな》う値は高く　とこしえに、払い終えることはない」(『旧約聖書』「詩篇」第四九編第九節)という深い懺悔を通して、仏教的に言えば、澄める人間としての仏の心を取り戻し、仏性を開顕《かいけん》して、聖者にもなり得る存在なのです。

釈尊によって救われ、回心《えしん》、帰依《きえ》して、出家したアングリマーラも、こうした人間の一人でした(以下、山辺習学『仏弟子伝』法蔵館による)。釈尊が覚者になられて二一年間の事跡と伝えられていますから、釈尊の五六歳の頃のことということになりましょうか。

アングリマーラは、漢訳では「指鬘《しまん》」(指の首飾り)と称されている人です。彼の本名はアヒンサカ(「害を加えない者」の意)、コーサラ王の国師の子、容貌勝れ、性質高潔にして才智備わり、体力横溢《おういつ》し、博識の婆羅門《ばらもん》の師の許《もと》で修行し、数ある弟子の中で高弟となり、人びとから愛されていました。

しかし、師の妻の邪恋を拒否したことから讒言《ざんげん》に遭い、師から誤解され、師の怨みと怒りを受けることになります。その結果、師の謀計により、一〇〇人の殺害とその殺した者の指で首飾りを作ることを命じられ、凶悪殺人者となります。

ところが、釈尊に会って回心し、釈尊に帰依し、釈尊から「わが弟子の中、法を聴聞するや否や、そのまますぐに悟れる者はアングリマーラ比丘《びく》に勝る者はない」と称されるに至ります。その意味で、アングリマーラは釈尊教団の最初期にあって異色の存在であったと伝えられているのです。

後のアングリマーラ、すなわちアヒンサカが殺人の道を歩むことになるその発端は、彼が師の妻と不倫関係にあるとの讒言を受けたことから始まります。これには二つの説があると言われています。一つは共に学ぶ同門の朋友からの讒言、いま一つは師の妻からの讒言です。『仏弟子伝』によれば、後説が有力なようですから、これに従うことにしましょう。

◇　◯　◇

眉目秀麗《びもくしゅうれい》で才智優れたアヒンサカは、師の妻から密かに愛されていました。ある日、彼女は夫の留守をいいことに積もる恋慕の思いを彼に打ち明けます。驚いた彼は、師の妻を激しく拒絶し、その非道を強くたしなめますが、それでも情欲に狂う妻は彼にすがりつき、情を遂げんと離れようとしません。

とうとう彼は、師の妻を邪険に払いのけます。恥辱を受けた妻は、可愛さ余って憎さ百倍、今度は復讐を誓います。彼女は夫の帰るのを待って、偽って衣服を裂き、髪を乱してアヒンサカに犯されたと泣いて訴えます。これを聞いた夫の師は、激怒し、事の真偽を確かめずに妻の訴えを信じ、復讐の策計を考えます。

師は、一策を講じて、アヒンサカを部屋に招き入れ、次のように教え説きます。「お前は、もう学ぶことは学び終えた。ただ最後になすべきものが一つ残されている」と語り、厳かに一振りの剣を与え、「いまからただちに町の四辻に立ち、一日に一〇〇人の生命を絶ち、その一人ひとりから一指を取り、一〇〇指をつないで首飾りとせよ。そうすればお前に真の道が備わるであろう」と教え命じました。

師の教えの言葉を聞いたアヒンサカは、驚き、悩みます。しかし、当時のインドの習慣として、師の命令は非常に重いものでした。師の命令に思い悩みながら、師に忠実なアヒンサカは師の命令に従うことにします。

アヒンサカは、人通りの激しい四辻に立って、道行く人びとを次から次へと切り殺します。新たな血を見るごとに彼の眼は血走り、髪は立ち、流れる血を袖に拭って突っ立った様は、まるで悪鬼、羅刹《らせつ》の形相でした。

命拾いをした人びとは、おののき叫んで方々へ逃れ散ります。泣く声、罵《のの》し声、怨みの声が、巷《ちまた》から巷へと流れ伝わり、王宮に駆け込んで取り押さえ方を訴え出る者もいます。

アヒンサカは、そんなことは一切、頓着《とんじゃく》しません。彼は切り殺した人びとの生血の滴る指をつないで首にかけ、首飾りとしておりましたので、誰言うとなく人びとから、アヒンサカはアングリマーラ（指鬘）と呼ばれるようになっていました。

こんな時のことです。朝の托鉢《たくはつ》に出て、この噂を聞いた弟子たちは、祇園精舎《ぎおんしょうじゃ》に帰って、このことを釈尊に申し上げます。釈尊は、「弟子たちよ、私は、いまから行って、彼を救うであろう」と仰せになり、直ちにアングリマーラのいるところに向かわれました。

一方、アヒンサカの母は、我が子の帰りを待ちわび、飲食を持って家を出ますが、途中に人殺しの噂を聞き、どうやら我が子のようだと、肝をつぶして狂気のように人気のない四辻に駆けつけます。アヒンサカはすでに九九人を殺して、九九の指をつないだ首飾りを首にかけ、「あと一人だ。誰か通ってくれればよいが」と辺りを見回している矢先、母の姿を見て、残りの一つの指に当てようと、急ぎ飛びかかろうとしました。

その時、釈尊は静かに彼の行く手に立ちふさがれます。すると、アングリマーラは母を捨てて、釈尊に切りかかります。しかし、彼がいくら剣を振るって釈尊に躍りかかろうとしても、手足が震え、一歩も近づくこともできず、思わずよろよろとして倒れそうになります。アングリマーラは、思わず叫びました。「沙門《しやもん》よ、早く止まれ」と。釈尊は静かに仰せになりました。「私は前からここにいる。独りで立ちまわっているのは汝のほうではないか」。アングリマーラは、「これは、一体、どうしたことか」と呻きます。

釈尊は、さらに語りかけます。「汝は、痴の妄想に欺かれて人を殺害している。だが、私は限りない智恵を持っているから、心は巷にいても、いつも水のように静かで落ち着いている。そして、一切の人びとに憐れみの心を抱いている。私は汝を憐れみ、いま、ここにやってきたのだよ」。

釈尊のお声は、清冽《せいれつ》な水のように、アングリマーラの猛り狂った心に沁《し》み入っていきました。彼は、悪夢から醒《さ》めたように我に返ります。そして、剣を投げ捨て、釈尊の足元に平伏して懇請します。「世尊《せそん》、どうぞ私の迷いをお恕《ゆる》しください。私は指を集めて道を得ようといたしました。どうぞ私をお救いくださり、お弟子の数にお加えください」。

釈尊に帰依したアングリマーラは、ともなわれて祇園精舎に至り、修行僧としての資格を与えられます。そこで、アングリマーラはあらためて釈尊のみ教えを受け、直ちに迷いを断って悟りを得たと伝えられています。

一方、そのとき、パセーナディ王が兵士を率いて、アングリマーラの逮捕に駆けつけます。ところが、アングリマーラはすでに釈尊に連れられて祇園精舎にいるとのこと。そこで王は精舎に向かい、釈尊に会って、事の次第を申し上げます。すると、釈尊は次のように仰せになりました。「王の求めるアングリマーラは、すでに出家し、前の凶悪をあらため、いまでは仁慈《にんじ》の心に立ち至っていますよ」と。

王はこれを聞いて、思わず驚きます。しかし、王は思い直し、やがてアングリマーラの許に行き、出家者に対する礼をなして、「私は尊者の寿命が尽きるまで供養をなすでありましょう」と言います。

◇　○　◇

現代人の私たちには、この話は実に奇異に感じるでしょう。

少し横道にそれますが、仏法と王法の関係、特に釈尊の仏教教団が完全な治外法権ではなかったにせよ、教団の自治権が許されていたことに触れておかねばなりません。

釈尊在世の時代、釈尊教団への入門が認められ、出家するということは、一般社会の家族関係はもとより、一切の世俗的関係を絶つことでした。出家者たる者は、ことごとく私財を捨て、性欲・財欲を封じ、乞食《こつじき》に生きて、ひたすら解脱《げだつ》の道に精進し、世俗の法律や道徳以上の生活に生きていました。

しかも、釈尊教団には出家者に対して、後で述べるように、厳格な戒律が存在し、国家法に相当する、それゆえに国家法の介入を必要としない法的統制が行なわれていました。もとより、それは国家におけるような権力的・物理的強制力による統制ではなく、釈尊という偉大な人格によって、釈尊の意思によって統一された統制でした。釈尊が一たび制定した戒律は、教団全体に対し効力を有し、釈尊以外にこれを改廃する権限は与えられていませんでした。

このようにして、教団への公権力の介入は抑制されていたのです。とはいえ、食物の自給自足を放棄した釈尊教団には、社会に依存して運営せざるを得ないという側面もあり、後に釈尊は借金に苦しむ者や盗賊らの入団を禁止されたことが『律蔵《りつぞう》』に記されています（なお、出家をめぐる釈尊教団と社会との関係については、森章司『初期仏教教団の運営理念と実際』国書刊行会に詳しい）。

釈尊の定められた戒律は、政治をもってしても救うことのできない人間生活の根本的苦悩からの解脱、一切衆生の苦悩と一般社会の救済を目的とするものとして作られたものでした。この点、現実的な社会目的の実現のために権力的統制の行使を目的とする国家法とは根本的に異なるものがあったのです。

しかし、それにしても両者共に理想社会（正法）の実現を目的とするところは同一であったのです。ただ、戒律を核とする釈尊の仏法は、王者に対して常に正法による治国を求めるところに大きな違いがありました。釈尊の法は、当時の種族的、血縁的、階級的差別を超えた平等で、平和な共同生活の実現を願う正法治国の政治を世俗の国家権力に求めていたのです。

そうであったらばこそ、王は、釈尊に敬意を表し「世尊は常に慈愛を施され、迷いを除き、悪逆を伏してくださいます。なおこのうえとも、国の者たちをお導きください」と礼を尽くしたのです。そして、王は兵士と共に祇園精舎を後に、お城に帰ることになったのです。

◇　〇　◇

さて、こうした出来事があった翌日のことです。出家したアングリマーラは朝の托鉢に出かけます。ところが、町のほうでは、「アングリマーラがまたやってきたぞ」という知らせで、再び人びとは恐れおののき、慄《ふる》え上がります。

その中に、難産に苦しんでいる一人の妊婦がいました。彼女は人びとの恐怖の声を聞くと、驚きのあまり恐怖にかられ、さらに苦しみ始めます。

家の人びとの罵る声にアングリマーラは、申し訳なさと、その妊婦をなんとか助けてあげたいという気持ちにかられ、急いで祇園精舎に帰ります。そして、釈尊にこのことを申し上げ、助ける手段についての教えを請います。

するとと、釈尊は次のように仰せになりました。「アングリマーラよ、汝は直ちにその妊婦の許に行き、語るがよい。『私は決して虚言は言いません。私は生まれてこの方、いまだ殺生したことがありません。私のこの徳によって、あなたは安らかに子供を産めますよ』とな」。

アングリマーラは驚きます。「世尊、私は昨日、九九人の生命を絶ちました。その私が、どうしてそのようなことを申せましょうか」。

すると、釈尊は「生まれてこの方というのは、悟りを開いてからのことである。であるから、決して嘘、偽りにはならない」と仰せになります。アングリマーラは、直ちに妊婦の許へ行き、釈尊の教えのように語りますと、彼女は安らかに子供を産むことができました。

しかし、道すがら、アングリマーラに憎しみや怨みを持つ人びとは口々に罵り、ある者は石や瓦を投げ飛ばし、ある者は刀や杖で打ちすえ、傷つけます。アングリマーラは、総身、血に染まり、身を引きずるようにして祇園精舎に帰り、釈尊の許に行き、次のように申し上げます。「世尊よ、私はもともとアヒンサカ（無害）の名前を持ちながら、痴の妄想にかられ、多くの人びとを殺傷し、洗っても清まることのない血の指を集め、アングリマーラ（指鬘）の名をほしいままにしました。

いまや、世尊に帰依して悟りを得ることができました。馬や牛を飼い慣らすのに杖を用い、象を調教するのに鉤《かぎ》を用いますのに、世尊は剣も杖も用いずに残忍な私の心を調えてくださいました。私は、世尊のみ教えによって、雲に覆われた日が雲消えて、再びこの世を明るく照らすように、心の光を見るに至りました。

私は、いま受くべき報いを受けました。痛みもなく、苦しみもありません。世尊よ、私はもう生を願いませんし、死ぬこともまた望みません。ただ時の至るのを待って、涅槃《ねはん》に入るのでありましょう。」

釈尊はこれを聞いて、アングリマーラをほめられます。そして、「弟子たちよ。私の弟子の中で、法を聞いてそのままにこれほどまっすぐに悟れる者はアングリマーラ比丘にしく者はない」と仰せになったと伝えられています。

この場に並びいた多くの弟子たちは、アングリマーラのあまりにも急激な変わり方に驚きます。そこで、彼らは釈尊に向かって、アングリマーラの本生譚《ほんじょうたん》、つまり彼の前世の物語をお説きくださいと願うことになるのです。

◇　○　◇

アングリマーラの犯罪、回心、そして救われについてはすでに長々と述べてきましたので、彼の本生譚についてでは、ここでは触れないことにいたします。

アングリマーラが実在の人間であったかどうか、また実際に実在の人物だとしてもその事跡の真実性はどうであったのか、私には分かりません。ただ、『仏弟子伝』に従っているにすぎません。

アングリマーラ伝の教えるもの

それにしても、アングリマーラと、先ほど述べた坂口弘・二宮邦彦・島秋人とが、私には二重写しに見えてならないのです。いずれも極悪非道の殺人鬼です。しかし、彼らは聖者に帰依し、深い懺悔を通じ、自己本来の心に立ち帰り、聖者の境地に到達しているように見えてならないからです。

これらの人びとに共通しているのは、精神的、内面的な自己の救われではなく、身体を使っての行動的・外的な自他共どもの救われ、もっと具体的には罪を通して罪をいかに生きるかという自己の生の証と言ってもよいでしょう。坂口や島の場合は、短歌という作歌活動、二宮の場合は、点訳書作りという活動となって現われ、アングリマーラの場合は難産に苦しむ妊産婦への看護と癒やしとなって現われているのではないでしょうか。

アングリマーラは釈尊にこう申し上げております。「私は、世尊のみ教えによって、雲に覆われた日が雲消えて、再びこの世を明るく照らすように、心の光を見るに至りました」と。原始仏典の一つである『ダンマパダ（法句経）』に次のような偈があります。

以前には悪い行ないをした人でも、のちに善によってつぐなうならば、その人はこの世の中を照らす。――雲を離れた月のように。［第一七三偈］

罪を犯した人は、自分で、自分自らの手で自分に相応な償いをし、できるだけ多くの善き行為をする、徳を積む。それしか罪を償う方法はありません。善き行為を積み重ねたその重さで、罪をつぶすほかないのです。

アングリマーラは、世尊にこうも申し上げました。「世尊よ、私はもう生きることを願いませんし、死ぬこともまた望みません。ただ時の至るのを待って、涅槃に入るのでありましょう」と。この言葉は、生も願わず、死も望まず、ただいま、生あることに感謝し、死刑執行の日、従容として刑場に歩みを進めた二宮や島の姿そのままを物語っているように思えてなりません。

アングリマーラは、「生も願わず、死も望まず、時の至るを待って『涅槃』に入る」と申しました。彼はすでに、生死《しょうじ》一切の煩悩から解脱し、不生不滅《ふしょうふめつ》の境地に到達しているのです。坂口弘も、はたまた二宮邦彦も、島秋人も、そうした人びとではなかったのではないでしょうか。

坂口・二宮・島の三者に共通していることは、いずれも上訴し、再審を求めていることです。確かに、彼らは再審請求を行ないました。しかし、彼らは無実を主張し、助かりたいと願っているのではありません。事実認定に誤りがあるから、その事実誤認を正してほしいと要求しているにすぎません。

彼らの心情は、島秋人の短歌がよく物語っています。


汚れなきいのちになりて死にたしと乞ふには罪の深き身のわれ

死刑台に立ったとき、嘘、偽りのない、心身共に一点の汚点なきものとして清浄《しょうじょう》にして、浄化されるに値する人間でありたい、事実誤認による誤った評価を受け、身も心も汚したままでこの世を去りたくないという魂の叫びともいうべきものを、この短歌から感じ取ることができるのではないでしょうか。

アングリマーラは、確かに、多くの人びとを殺した殺人鬼でした。彼に殺された人びとや遺族の人びとにとって、アングリマーラがどんな善き行為をどれほど積んでも、決して帳消しになるものではありません。

このことは、二宮邦彦も島秋人も自ら認めているところです。二宮はこう語っています。「私のような大罪人が、そう易々と聖書の言葉通りに受け入れられるほど甘いとは思っておりません」。島も手紙の中でこう書きとどめています。「死刑囚である前に強殺犯であること、僕の死より被害者の命は何百万倍も惜しい尊いいのちであることと反省しています」。

被害者の遺族たちの悲しみ、怒り、憎しみは、とうてい筆舌に尽くせるものではないでしょう。しかし、これらの人びとに復讐を認めたら、どうなるでしょうか。復讐という形での新たな罪を犯すことが許されることになります。釈尊は決して報復をお認めになりませんでした。『ダンマパダ（法句経）』の最初の第一品に出てくる冒頭の第一偈と第五偈を掲げておきましょう。

ものごとは心にもとづき、心を主とし、心によってつくり出される。もしも汚れた心で話し

たり行なったりするならば、苦しみはその人につき従う。——車をひく（牛）の足跡に車輪がついて行くように。［第一偈］

実にこの世においては、怨《うら》みに報いるに怨みを以てしたならば、ついに怨みの息《や》むことがない。怨みをすててこそ息む。これは永遠の真理である。［第五偈］

釈尊は、アングリマーラに憎しみや怨みを抱く人びとが報復という形で新たな罪を犯さないようにしたのです。遺族たちにアングリマーラに対する仕返しを認めたところで、新たな罪を犯させるだけのことです。それにアングリマーラの罪は、彼自身が自らの手によって償うほかありません。可能な限り多くの善き行為を行なうことしか、償いの道はないのです。

パセーナディ王はアングリマーラの出家の事実を語る釈尊の言葉を聞いて、彼の逮捕を中止しました。そればかりか、日頃、釈尊による人びとに対する教化、教導に感謝し、「このうえとも国の者たちをお導きください」と懇請しているのです。

アングリマーラを逮捕、処罰することが、国王としての為政者の目的ではありませんでした。彼のように凶悪な殺人鬼でも覚者となり得るということ、だからこそそうした人びとの教化と善き人びとの育成が国家にとっていかに大切なことであるか。まさにそうであるからこそ、それを釈尊に懇願したのでありましょう。

デーヴァダッタ（提婆達多）

デーヴァダッタは、漢訳では「提婆《だいば》達多《だった》」と呼ばれている仏弟子の一人です。デーヴァダッタの名前は、我が国では漢訳の「提婆達多」のほうが一般に知られていますので、漢訳名を使っていくことにします。

さて、この人の出自にはいろいろと異説があるようですが、釈尊の従兄弟か、少なくとも釈尊となんらかの血縁の人であったようです。仏伝によれば、彼は終始、釈尊と対比され、釈尊に反抗し、釈尊教団の分裂、ひいては釈尊に対する殺人未遂と傷害など、数々の悪行をほしいままにした極悪人として扱われています（木津無庵『新訳仏教聖典（改訂新版）』大法輪閣、山辺習学『前掲書』）。

もっとも、これにも異説があります。それによると、提婆達多を悪人とする仏伝は、実は釈尊教団内部の必要から創作されたものだというのです。提婆達多は、当時すでに「修行を完成した者」という意味で「ブッダ」と呼ばれ、したがって彼自身は釈尊の権威を認めることも、釈尊に従属することも拒絶していたというのです（中村元選集第14巻・決定版『原始仏教の成立』春秋社）。

さらに、提婆達多が創唱した仏教に近い宗派の信者が、少なくとも一七世紀までマガダ地方に存続していたと伝えられています（コーサンビー著、山崎利男訳『インド古代史』岩波書店）。

ところが、不思議なことに、『法華経』のどの品にも、「提婆達多品」の中ですら、提婆達多が悪人とは説かれていません。むしろ、その逆に釈尊にとって、彼は求法《ぐほう》の善き師であって、釈尊が仏となった大恩人と説かれているのです。そこで、この問題をめぐり専門家の間でさまざまな解釈が展開されています。ここでは、この問題に立ち入ることは私の能力をはるかに超えるものであり、専門家の研究に委ねるほかありません。

ところで、『法華経』によれば、提婆達多は釈尊から「善知識《ぜんちしき》」すなわち「善き友」と呼ばれています。『大智度論《だいちどろん》』や『法華経』を通して「善知識」論を論じた三友量順教授は、善知識を「人格の完成に向かって（まったきさとりに向けて）かれを励まし教導するもの（人）」ととらえてよいであろうと論じています（「善知識――普遍思想的視点から」『木村清孝博士還暦記念論集　東アジア仏教――その成立と展開』春秋社、所収）。

立正佼成会《りっしょうこうせいかい》の開祖《かいそ》、庭野日敬《にわのにっきょう》師は提婆達多の「善知識」に関連して、平易かつ簡潔に「最高の善友とは、〈人生をどう生きねばならないかという大問題に眼《まなこ》をひらかせてくれる友〉」（『新釈法華三部経６』佼成出版社）と説いておられます。

『法華経』の経文を見てみましょう。

「提婆達多《だいばだった》が善知識《ぜんちしき》に由《よ》るが故《ゆえ》に、我《われ》をして六波羅蜜《ろくはらみつ》・慈悲喜捨《じひきしゃ》・三十二相《そう》・八十種好《しゅごう》・紫磨金色《しまこんじき》・十力《りき》・四無所畏《むしょい》・四摂法《しょうぼう》・十八不共《ふぐ》・神通道力《じんづうどうりき》を具足《ぐそく》せしめたり。等正覚《とうしょうがく》を成じて広く衆生を度《ど》すること、皆提婆達多《みなだいばだった》が善知識《ぜんちしき》に因《よ》るが故《ゆえ》なり。」

『法華経』では、釈尊ご自身から、「私が仏の悟りを得て、広く衆生を救うことができるのも、すべて提婆達多という善い友人のおかげだ」と説かれているのです。しかし、仏伝によれば、提婆達多は釈尊にとって悪逆非道の極悪人であったはずです。どうして提婆達多は、釈尊から「善知識」と呼ばれたのでしょうか。

提婆達多とは、一体、どのような人物だったのか、仏伝から彼の人物像を見てみましょう。

提婆達多は、少年時代から頭脳、才能、体力に恵まれ、卓抜した人物であったようです。そして、後に釈尊となられる従兄弟のゴータマ・シッダッタと肩を並べ、いろいろな意味で競争相手の地位にありました。しかし、すべての面で、例えば弓術や相撲といった競技において、彼はシッダッタ太子の力にはおよびませんでした。

釈尊が成道後、はじめて故郷に帰り、父王をはじめ多くの人びとを教化され、再びマガダ国へ旅立たれます。その道すがら、釈尊の後を追ってきたウパーリ（優波離）、アヌルッダ（阿那律）、アーナンダ（阿難）など八人の青壮年が出家を願い出ますが、提婆達多もその中の一人でした。しかし、釈尊は当初、提婆達多の出家をお認めにならなかったと伝えられています。

出家後の提婆達多は、もともと天性が英邁《えいまい》であったこともあって、釈尊の下に修行を重ね、禅定《ぜんじょう》に励み、釈尊の所説をことごとく誦《そら》んずるに至ります。しかし、彼はその傲慢な気性から か、強い我執《がしゅう》からなかなか離れることができません。舎利弗《しゃりほつ》、目連《もくれん》、阿那律《あなりつ》などの弟子たちが、お互いに友情を温め、道を語り合っているその仲間にも入れず、いつしか我が身独りが疎んぜられていると思うようになります。

釈尊教団が隆々と発展し、大教団へと成長していくのを見るにつけ、そしてまた自分と時を同じくして出家した僧たちの仲間に入ることもできずにいるにつけ、彼の胸中に積もり積もっていた欲求不満が増上慢を押し上げ、「釈尊、なにするものぞ」と、教団からの離脱と独立の念が爆発します。

ついに、三十余年来修行してきた釈尊教団を棄《す》て、独立しようと決意します。そして、当時、釈尊教団の一大拠点であった王舎城《おうしゃじょう》に赴き、ビンビサーラ王（頻婆娑羅王《びんばしゃらおう》）の太子アジャータサットゥ（阿闍世《あじゃせ》）の有力な外護《げご》者としての庇護《ひご》の下で、新しい教団を作ります。

太子の父王ビンビサーラ王は釈尊に帰依し、釈尊教団の強力な庇護者でした。提婆達多にとって、釈尊教団を破壊するためにはビンビサーラ王が邪魔者でした。

そこで、提婆達多は策を講じます。まず、太子を扇動し、太子は父王を殺し、王位を獲得する、他方、自分は釈尊を殺害するという盟約をとりかわします。

その盟約により、阿闍世は、父王を牢獄に幽閉し、餓死させようとします。その間、父王の王妃のヴェーデーヒー（韋提希《いだいけ》）夫人は、夫の生命を救うために体に蜜や粉を塗って牢獄を訪れ、王の食に供していました。ところが、その事実を知った阿闍世は、その慈悲深い母后をも王宮の奥深く幽閉してしまいます。

一方、提婆達多は、まず、五〇〇人の弓手《ゆんで》を集め、そこから三一人の弓の名手を選び、策を授けます。彼らは弓矢を携えて霊鷲山《りょうじゅせん》におられる釈尊に近づきます。

ところが、釈尊の慈愛溢れる尊容を仰ぎ見るや、彼らは思わず弓矢を投げ捨て、地に平伏してしまいます。そして、釈尊から尊い、さまざまなみ教えをいただくと、ますます懺悔の念がつのり、先罪を悔い、その場でお弟子の中に加えていただくことになります。

このようにして、提婆達多の企てはすべて失敗に終わりました。

そこで、提婆達多はいよいよ自分の手でやるほかないと決意します。ある日、彼は霊鷲山に登り、山上から釈尊めがけて大岩を転がし落とします。ところが、大岩は途中で二つに割れ、小さなほうが釈尊の足に当たり、その傷口から多量の血が流れ出ます。

釈尊は、激痛をこらえて精舎に帰り、静かに横になられます。そこへ、提婆達多の悪行を聞いて駆けつけた弟子たちは、なにか報復をと申し上げますが、それを制して、「汝たちは無用のことに心を用いてはならない。各自、おのおのの処に帰って、道を修めるがよい。いかなる怨みも、如来を害することはできないし、いかなる悪も、如来を煩わすことはないのだよ」と仰せになられます。

その後、釈尊の傷はなかなか治りません。そこで、名医で知られるジーヴァカ（耆婆《ぎば》）が傷口を切開して悪血《おけつ》を出して、これを治したと伝えられています。

いずれにしても、第二の方法も失敗に終わったわけです。しかし、これで諦めるような提婆達多ではありません。さらに、第三の手段を企てます。

釈尊を殺害することは、とうてい人力では不可能だと考えた提婆達多は、気の荒い象を使って踏み殺させることを考えます。彼は、象使いをうまく抱き込んで、象に酒を飲ませ、托鉢中の釈尊めがけて放ちます。象は恐るべき鼻を振るい、耳を波立たせ、地響きを立てながら釈尊に向かって突進していきます。

釈尊は、慈心三昧《じしんざんまい》に入られて、象の正面に歩まれます。そして「大龍を害《そこな》うことなかれ　大龍が世に出ることはなはだ難し。もし大龍を害わば、後の世、必ず悪道に堕ちなん」と語り聞かせます。

すると、さすがの狂象も釈尊の慈心に打たれて、長跪《ちょうき》して釈尊の足を抱き、退いて、立ち去っていったと伝えられています。

このように、提婆達多は三度、釈尊の殺害を企てますが、いずれも失敗、未遂に終わりました。仏教の戒律については後に触れたいと思いますが、殺戒《せっかい》（不殺生戒《ふせっしょう》）での殺人罪の種類は自分の手による殺人、教唆殺《きょうさ》、刀杖《とうじょう》・瓦石《がしゃく》・悪獣《あくじゅう》・毒蛇《どくじゃ》を用いての使殺、讃歎殺《さんだん》、毒殺など数々の種類を定めています。提婆達多の犯罪行為は、明らかに殺戒に抵触する重罪であったのです。

話は変わります。提婆達多の甘言に欺かれて父王を牢獄に幽閉し、最後には死に至らしめた阿闍世王は、腫れ物で苦しむ自分の愛し子の病を思うにつけ、慈悲深い父王のことが思われ、痛切な悔恨の念が心に焼きついて離れません。それどころが、阿闍世自身も、全身に腫れ物ができ、膿汁も流れ出て、高熱に苦しみます。

阿闍世王は、王の身を案じる臣下たちの勧めを受け、六師外道《ろくしげどう》の師たちに救いを求めますが、王の苦しみは癒やされません。とうとう最後に、名医ジーヴァカの助言を受け、釈尊の教えを受けることを決意します。

釈尊の許に詣でた阿闍世王は、「世尊よ、願わくは私の懺悔をお受けください。私は狂愚にして心冥《くら》く、五欲に迷わされて父王を殺しました。世尊、願わくは哀愍《あいみん》をお与えください。私の懺悔をお受け取りください」と申し上げます。

このようにして、阿闍世王は釈尊に帰依するに至ります。そして、王は釈尊滅後も、釈尊教団の庇護者として、仏教広宣流布のますます大きな担い手になったと伝えられています。

阿闍世王という最大の外護者を失った提婆達多は、まったく哀れな存在となります。内には信者たちはつぎつぎと去り、外には一般の人びとの信用もなくなり、托鉢に出ても食物を供養する人もいません。ここにいたっては、もはや彼の憩うべき場もなくなります。

その後、自暴自棄となった提婆達多はさまざまな悪行を重ねた末、釈尊殺害の機会を窺い、祇園精舎にやって来ます。彼は、釈尊の弟子たちが足を洗う池辺に来て、暫時、木陰で憩います。

その時です。提婆達多のいる大地が、突如、自然と沈んでいったかと思うと、燃えあがり、たちまち膝を埋め、臍におよび、ついには肩にまで至ります。この一瞬、火焔に包まれた提婆達多は、自分の罪を悔い、「南無仏《なむぶつ》」と叫びながら沈んでいきました。

この時、二つの金挺《かなてこ》が、一つは彼を前と後から、いま一つは左と右から挟み、そのまま燃え盛る大地に巻き込まれていき、提婆達多は無間地獄へと引き込まれていったと伝えられています。

これには後日談があります。提婆達多の死後、釈尊が阿難をともなわれてアチラヴァティー河の水辺で水浴された時のことです。釈尊が提婆達多のことを話されますと、阿難は兄が無間地獄という悲惨な境遇にあるのを悲しみます。

しかし、釈尊は、「提婆達多は地獄に堕ちるとき、『南無仏』と釈尊への帰依の念を起こした。だから、このことにより、彼は一劫《こう》の後には地獄を出でて、天上に生まれ、さらに人間に生まれて、悟りを開くだろう」と、予言されたというのです。

『法華経』の「提婆達多品第十二」には、次のように説かれています。

「諸《もろもろ》の四衆《しゅ》に告げたまわく、提婆達多《だいばだった》却《さ》って後無量劫《のちむりょうこう》を過ぎて、当《まさ》に成仏《じょうぶつ》することを得《う》べし。号《な》を天王如来《てんのうにょらい》・応供《おうぐ》・正偏知《しょうへんち》・明行足《みょうぎょうそく》・善逝《ぜんざい》・世間解《せけんげ》・無上士《むじょうじ》・調御丈夫《じょうごじょうぶ》・天人師《てんにんし》・仏《ぶつ》・世尊《せそん》といわん。世界を天道《てんどう》と名《なづ》けん。」

すなわち、ここには、釈尊が「提婆達多は、この世を去ってから計り知れないほど歳月を経た後に、必ず仏の悟りを得るであろう」と仰せられ、仏となることの保証、つまり授記《じゅき》されたことが教え説かれているのです。つまり、提婆達多は、釈尊の「善知識」にとどまらず、一劫の後には「天王仏」と称される「仏」となるであろうと、説かれているのです。

提婆達多伝の教えるもの

釈尊は、提婆達多から幾度も殺害の危害を加えられました。それにもかかわらず、『法華経』の中の釈尊は提婆達多を「善知識」と呼ばれました。それは、一体、なぜなのでしょうか。

「提婆達多品第十二」には、次のように説かれています。

「我過去《われかこ》の劫《こう》を念《おも》うに　大法《だいほう》を求《もと》むるをもっての故《ゆえ》に　世《よ》の国王と作《な》れりと雖《いえど》も　五欲《よく》の楽《らく》を貪《むさぼ》らざりき　鐘《かね》を椎《つ》いて四方《ほう》に告《つ》ぐ　誰《たれ》か大法《だいほう》を有《たも》てる者《もの》なる　若《も》し我《わ》が為《ため》に解説《げせつ》せば　身当《みまさ》に奴僕《ぬぼく》と為《な》るべし　時《とき》に阿私仙《あしせん》あり　来《きた》って大王《だいおう》に白《もう》さく　我微妙《われみみょう》の法《ほう》を有《たも》てり　世間《せけん》に希有《けう》なる所《ところ》なり　若《も》し能《よ》く修行せば　我当《われまさ》に汝《なんじ》が為に説くべし　時に王仙《おうせん》の言《ことば》を聞いて　心《こころ》に大《だい》喜悦《きえつ》を生《しょう》じ　即便仙人《すなわちせんにん》に随《したが》って　所須《しょしゅ》を供給《くきゅう》し　薪《たきぎ》及び果蓏《このみくさのみ》を採って　時《とき》に随《したが》って恭敬《くぎょう》して与《あた》えき　情《こころ》に妙法《みょうほう》を存《ぞん》ぜるが故《ゆえ》に　身心懈倦《しんじんけげん》なかりき　普《あまね》く諸《もろもろ》の衆生《しゅじょう》の為に　大法《だいほう》を勤求《ごんぐ》して亦己《またおの》が身《み》　及び五欲《よく》の楽《らく》の為にせず　故《かるがゆえ》に大国《だいこく》の王と為《な》って　勤求《ごんぐ》して此《こ》の法を獲《え》て　遂《つい》に成《じょう》

仏《ぶつ》を得《う》ることを致《いた》せり」

すなわち、釈尊は過去世において、現世で提婆達多と転生した「阿私《あし》」という名の仙人に随順し地位・名誉・財産・妻子への愛情はもとより、さらには自分自身の生命さえ犠牲にし、一切をなげうって六波羅蜜を行じました。このようにして、釈尊は仏となるための一切智を身につけ、仏の悟りを得て、広く衆生を救うことができたというのです。そうであるからこそ、釈尊は提婆達多を「善知識」と呼ばれたのです。

他方、提婆達多はどうであったでしょうか。彼にとって、釈尊は善知識であったはずです。しかし、彼は最初、釈尊に帰依して修行しますが、釈尊とは異なり、六波羅蜜を実践して、仏となるための一切智を修得しようとはしませんでした。むしろ逆に、彼は仏の反逆者となり、釈尊を殺害しようとさえしました。

確かに、提婆達多は生来、聡明で、卓抜した資質の持ち主であったでしょう。しかし、彼は貪・瞋・痴の三毒の我執を捨てることができなかったのです。ある意味で、彼は我執を捨てる勇気を持ち合わせなかった、哀れな存在であったのでしょう。

だからこそ、釈尊は、提婆達多を自ら処罰することは決してありませんでしたし、弟子たちにも彼に対して報復することを認められることはしませんでした。提婆達多を処罰するのは、彼自身であること、彼の犯した罪そのものが彼を処罰するものであることを知っておられたからです。

提婆達多が堕ちていく炎の燃え盛る大坑は、まさしく彼自身の煩悩の我執以外の何物でもなかったのではないでしょうか。

釈尊は、『ダンマパダ（法句経）』の中で次のように説いています。

鉄から起った錆《さび》が、それから起ったのに、鉄自身を損なうように、悪をなしたならば、自分の業が罪を犯した人を悪いところ（地獄）にみちびく。［第二四〇偈］

あさはかな愚人どもは、自己に対して仇敵《かたき》に対するようにふるまう。悪い行ないをして、苦《にが》い果実《このみ》をむすぶ。［第六六偈］

それにしても、釈尊は提婆達多のような悪人に対して、どうして成仏の受記、すなわち仏となる保証をお与えになったのでしょうか。思い出してみてください。提婆達多が火焔に包まれて大坑に堕ちていくとき、彼は「南無仏」と懺悔の声を残して沈んでいったことを。

『法華経』に「万善成仏《ばんぜんじょうぶつ》」という教えがあります（「方便品第二」）。成仏の縁となる行ないとして、「六波羅蜜」をはじめ、八種のものがあるというのです。そのうちの一つに、「ただ一声『南無仏』と唱える」があります。この「南無仏」と唱えたことによって、未来において必ず、成仏することができるというのです。

提婆達多が叫んだ「南無仏」は、彼が貪・瞋・痴という煩悩の三毒で悶乱していた狂子であったこと、それゆえに釈尊に対し五逆罪《ごぎゃく》（①母を殺すこと、②父を殺すこと、③聖者を殺すこと、④仏の身体を傷つけて出血させること、⑤教団の和合一致を破壊・分裂させる罪で、いずれも無間地獄に堕ちる最も重い罪）の大罪を犯したことの懺悔だったのです。

彼は、「釈尊などなにするものぞ」という増上慢に溺れ、我執を捨て切れず、欲求不満の中で生きていた「貪」、その欲求不満が怒りに転じ、その怒りに心をふりまわされて行動してしまった「瞋」、その結果、人間の道をはずれた行為に走り、他も自らをも傷つける罪を犯すことになった「痴」に、死の直前にようやく気づき、釈尊に「南無仏」と心からの懺悔をしたのです。

仏教、特に大乗仏教は、すべての人間の本質は仏性である、人間は仏の慈悲に生かされている存在であると説いています。『涅槃経《ねはんぎょう》』にも「一切衆生悉有仏性《いっさいしゅじょうしつうぶっしょう》」とあるように、仏教は、人間を含め、この世に存在するすべての生きとし生けるものはことごとく平等に仏となる種子、すなわち仏性を持っていると説いているのです。

それにもかかわらず、人間はどうして凶悪な行為をするのでしょうか。それは、人間誰しも等しく仏性を持っていますが、その仏性が煩悩という汚垢《おこう》に厚く覆い包まれているからだというのです。したがって、煩悩さえ取り除かれれば、仏性が姿を現わし、誰でも仏となる資格ができるというわけです。

人間の本質は仏性です。人間は、生来すべて平等に仏になる種子、仏になる資格を持っているのです。ただその資格を生かすも殺すも、その人の持っている煩悩という心の汚垢が厚いか薄いか、重いか軽いかにかかっているのです。

そして、この心の汚垢をいかに削り落とすか、さらには単に削り落とすだけでなく、この汚垢を利用して心を清める方向づけを与えて善の力に変えるかにかかっているのです。悪しきものと考えられている煩悩が、実は仏となる種になるというのです。迷いの根である貪・瞋・痴の三毒が、仏となる種となるというのです。

大乗仏教の一つに『維摩経《ゆいまきょう》』という経典があります。その中では、維摩居士《こじ》は文殊《もんじゅ》菩薩から「如来の種とはなにか」と問われます。これに対し、維摩は「一切の煩悩は如来の種となる。たとえ五逆の重罪を造ったものでも、なおこの菩提心を発《おこ》すことができる」と答えます。

この『維摩経』の教えについて、日蓮聖人は次のように説いています（「開目抄《かいもくしょう》」紀野一義責任編集・訳『日本の名著8 日蓮』中央公論社）。

「この経文の意は、貪欲と瞋恚《しんに》と愚痴《ぐち》との三毒は仏の種となる。父母を殺す等の五逆罪は仏種となるということである。二乗《にじょう》は仏になれない。また高原・陸上に青蓮華が生ずることはあっても、二乗は仏になれない。その心は、二乗の修行する諸善と、凡夫の犯す悪とをくらべるに、凡夫の悪は仏になっても、二乗の善は仏になれぬということである。」

ここで言う二乗とは、「声聞乗《しょうもんじょう》」と「縁覚乗《えんがくじょう》」のことで、前者は仏の教えを直接聞いて悟る人を言い、後者は師に頼らずに自ら十二因縁《いんねん》を体得して悟る人を言います。日蓮聖人によれば、声聞と縁覚の「二乗は仏になれない」というのです。

しかし、どうしてこんな奇異なことがあり得るのでしょうか。声聞にせよ、縁覚にせよ、いずれも仏になるための修行をしている人びとであって、そういう修行をしていない凡夫と比べれば、はるかに仏に近い人びとであるはずです。それなのに、どうして「凡夫の悪は仏になっても、二乗の善は仏になれぬ」というのでしょうか。

また、日蓮聖人はこうも説いています。

「仏と提婆とは、身と影とのごとくである。生々世々にはなれず。聖徳太子と守屋とは、蓮華の花と実が同時なるがごとくである。」

ここで、聖徳太子と対置されている「守屋」とは、我が国に仏教を受容することに強く反対し、太子の法敵でもあった物部守屋のことです。日蓮聖人にとって、太子と守屋の関係も、仏と提婆の関係と同じく、これまた身と影のように、二にして一、一にして二の関係であったのです。

日蓮聖人は、在家の信者に対して、しばしば「無一不成仏《むいちふじょうぶつ》」（一人として仏と成らざることなし）と教え説いています（例えば『千日尼御返事《せんにちあまごへんじ》』）。聖人は、「提婆達多」に象徴的に見られるように、いかなる悪人であっても、一切衆生すべて平等に仏性を持っているがゆえに、法華経の信仰さえ確立していれば、何ぴとも仏になれる可能性を有していると説いているのです。

そもそも悪人とか善人という区別は、何なのでしょうか。例えば、私たちは「いのちの尊厳」と言います。しかし、その私たちは、動物たると植物たるとを問わず、他者のいのちを奪わなければ生存し得ない存在です。他者の「いのちの尊厳」の犠牲の上で生存している私たち人間の現実を、私たちはどう見たらよいのでしょうか。

確かに、提婆達多は五逆罪の悪人です。私たちは、彼のように人間のいのちを奪うことはしていないという意味では悪人ではなく、善人かもしれません。しかし、その善人面をしている私たちは、なんと多くの他者のいのち、動物や植物のいのちを奪って生きていることでしょうか。なんと多くのいのちを傷つけて生きていることでしょうか。

動物たると植物たるとを問わず、彼らが人間の言葉を語れるのであれば、彼らは、「私たちはお前さんたちからいのちを奪われて死んでいくけど、殺されたくて生きているんじゃないぞ」「お前さんたちが私のいのちを奪うのを許しているわけではないぞ」という声を、あるときは叫び、あるときは呟いているのではないでしょうか。

私たちは、私たち人間によっていのちを奪われざるを得ない動物や植物その他諸々の存在に対し、どこまで心を向け、そのいのちを慈しんでいるのでしょうか。その心を持たない私たちは、はたして善人と言えるのでしょうか。

私たちは、本質的に他者のいのちを奪って生きる存在という意味で「悪人」たることを逃れ得ないのです。その意味で、そんな私たちでも、悪人であることを自覚し、懺悔を深め、『法華経』を保持し、その信仰に生きていけば必ずや「仏と成れる」とする「提婆達多品」の悪人成仏の教えは、私たちに生きる勇気と希望を与えてくれるのではないでしょうか。

第五章　仏教の戒律に見る罪と罰

仏教の戒と律

「社会あるところ法あり」という言葉があります。二人以上の人間が存在すれば、そこがすなわち社会ということになります。そのようにして成立した社会には、小は家庭から大は世界にいたるまで、大小さまざま、各種各様の社会があります。

そうしたいずれの社会でも、そこに所属する人びと相互の間で、またその社会の組織と所属の人びとの間で、「してもいいこと」「してはならないこと」などを定めたルールがあります。そうしたルールは、一般に「規範」と呼ばれ、家庭では「家風」、学校であれば、「校（学）則」、会社であれば「定款」、国家であれば「憲法」「法律」と呼ばれています。

宗教集団も社会の一つですから、他の社会から区別される宗教固有の集団形態とルール原理を持っています。この宗教集団が「僧伽《そうぎゃ》」（サンガ）と呼ばれ、そのルール原理が「戒律」と呼ばれているものです。

釈尊の時代は、いまだ国家権力の中央集権的な統制権力が脆弱《ぜいじゃく》なこともあって、釈尊教団に――他の宗教教団に対しても同じであったかもしれませんが――自治権が認められ、国家から特別の保護が与えられていました。それは、なによりも釈尊教団には釈尊の偉大な人格に基づいて制定された僧伽独自の戒律が存在し、出家者たちはその戒律を遵守して、法律や道徳以上の厳しい修行をし、世の導師として世間の光となり、導きとなる清浄な生活に専念していたからです。

釈尊教団は、僧伽の宗教的清浄性、健全な出世間《しゅつせけん》性、そして国法に対する自律的遵法性の保持に努め、社会的信頼を広く得ていました。その結果、国家は自ら僧伽の秩序に介入し、国法を行使する措置を講ずるといった必要はなかったのです。

それだけに、戒律は釈尊教団にとって極めて重要な意味を持つものでした。王法と仏法における戒律の意義と社会的機能は、釈尊教団の存続と運営にとって必要不可欠のものでした。その意味において、仏教における戒と律について少し触れておきたいと思います。

「戒律」という言葉は、今日、我が国では一般に一つの言葉のように受け取られています。しかし、仏教ではもともと「戒」と「律」とは別の言葉であって、意味も異なります。つまり、「戒律」という言葉は意味を異にする二つの概念から合成されたものということになります。

「戒」（サンスクリット語で「シーラ」）とは、「習慣・性格・行為」という意味です。特に「善い習慣・善い性格・善い行為」という場合に使用される言葉とされています。つまり、戒とは出家者たると在家信者たるとを問わず、僧伽の構成員が悪をやめ、善をなすために自ら自発的に守るべき自律的・主体的な行為規範、どちらかと言えば倫理的な宗教規範ということになります。したがって、これを犯しても罰則というものはありません。

これに対して、「律」（サンスクリット語で「ヴィナヤ」）とは、「除去・訓練・調伏《じょうぶく》」という意味で、僧伽に属する出家者を対象として、出家者の共同生活の安定と秩序を保証するための強制的・他律的な規範の性格を持ち、「規律・規則」の意味で用いられています。それゆえに、これを犯した場合、必ず罰則をともないます。その意味では、律は国家法でいう刑法的性格を持っていると言えるかもしれません。

もっとも、後に述べますように、戒律の精神は懺悔《さんげ》滅罪《めつざい》の思想を中核としています。したがって、律が「刑法的性格」を持つと言っても、国家権力によって外的な物理的制裁を科する刑法の刑罰規定を想像したら、大きな間違いを犯すことになります。

ともあれ、このように原始仏教では、もともと戒と律とは明確に区別されていました。そして、戒と律は出家者のみを対象とし、在家信者には律はなく、戒のみであったのです。

ところが、仏教が中国、日本へと伝播していく時代の流れの中で、「戒律」という言葉は、ときには「律」と同じ意味に、ときには「戒」と同じ意味で用いられていくようになります。そして、いつしか両者が混用されるようになっていきました（森章司編『戒律の世界』北辰堂）。

仏教では、古来より「戒定慧《かいじょうえ》の三学《さんがく》」ということが言われ、仏道修行者の修学・実践の三大根本眼目とされてきました。すなわち、「戒律」を保持して、非を防ぎ、悪を止め、身心を清浄にする。「禅定」を修して、心を修練し、思慮分別の意識を静める。「智恵」を得て、煩悩を断ち切り、宇宙一切の実相を達観する。これが、仏教者の究極の目的であったのです。

このように、戒律は「三学」の一つとして仏教では最も重要な地位を占めていますが、仏教の長い歴史の中で、その地位にもさまざまな変化がありました。特に日本仏教では、後に述べますが、「無戒の戒」ということが言われ、必ずしも戒律を守る必要はないという考えが生まれてきました。

そうしたことから、今日、戒律を厳格に遵守しているタイ、スリランカ、ミャンマー、ラオス、カンボジアなどの南方仏教の仏教者の間から、律はもちろん、戒も尊重しない日本の仏教僧侶を目して「仏教の僧侶にあらず」という批判が出されているのも事実です。

元来、仏教は仏性を厚く覆い包んでいる煩悩を取り除き、そしてまたその煩悩を善の力に変えることを第一の目的としています。『ダンマパダ（法句経）』の中で、釈尊は次のように説いています。

すべて悪《あ》しきことをなさず、善いことを行ない、自己の心を浄《きよ》めること、――これが諸《もろもろ》の仏の教えである。［第一八三偈］

この偈は、中国や日本でも、古来から「七仏通誡《しちぶつつうかい》の偈《げ》」と言われ、非常に尊ばれてきたものです。仏教者の目的は、過去の仏から釈尊に至る諸々の仏のこの教えを習学・実践し、悟りに至ることでしたし、現在でもそれは変わることはありません。

この目的の達成に向かう道は、大きく二つに分かれます。

一つの道はこうです。この目的に達する直接の手段は、智恵の獲得である。煩悩は、真の智恵によって宇宙一切の実相をありのままに見ることができないところから生じるものであってみれば、この智恵を得る方法は禅定によって煩悩の雑念を去ることにある。

この立場からすれば、仏道修行の目的である悟りに到達する直接原因は禅定の実践と智恵の獲得であって、戒律はその手段であって、第二次的なものでしかないということになります。この立場は、後にあらためて触れたいと思いますが、日本仏教に特徴的な「大乗仏教」の立場と言えるでしょう。

いま一つの道はこうです。厳粛な戒律生活がなければ、人間は、出家者といえども、ともすれば自由放縦に流され、堕落する危険がある。戒定慧の保持なくして真の智恵には到達し得ない。

この立場からすれば、戒定慧の護持こそ仏道修行の直接原因であって、煩悩を断ずる必然的な修行実践ということになります。「上座部《じょうざぶ》仏教」と称される南方仏教の立場がこれであると言えましょう。

いずれにせよ、戒は、出家者たると在家者たるとを問わず、仏教者が仏の教えに生きるための日常生活の根本規範です。したがって、そこには僧伽、つまり仏教教団のみに通ずる特殊的なものが主であるかもしれません。しかし、同時にそこには一般社会に通ずる普遍的なものも含まれているのです。

特に私たちにとって大切なことは、そこには、仏教が仏教としてその理想を実現しようとする法的な考え方、その理想を実現するために必要となる法的秩序、そして社会的信頼を確保するための組織秩序などについての仏教の基本的思想が含まれているということです。

裁判員制度の運用が始まった今日、私たちは日常生活の営みの中で、罪や罰、そして裁きにかかわる問題に直面せざるを得ない場面に多々遭遇します。そうした場合、それらの問題を考える際の視座というか、中心軸といったものを、私たちはどこに置いているのでしょうか。

もちろん、それは人それぞれが持つ価値観や世界観によって、それこそ千差万別であるかもしれません。しかし、少なくとも仏教者としての自覚の中で生きている人にとっては、仏教がその中心軸に位置されているでしょうし、また位置されていなければならないはずです。

その中心軸にあって、社会において発生する犯罪行為、その罪と罰、そして裁きといったことを判断し、評価する際の仏教的尺度、物差しが、戒律にほかなりません。その意味で、必要最小限の範囲内において戒律の法的な物の考え方を見ておくことにしましょう。

戒律の構造と原理

(1) 戒律の人的対象

戒律が適用される人的対象は、言うまでもなく、僧伽の構成員です。僧伽は、狭義に言えば、出家者たる比丘《びく》と比丘尼《に》の共同団体ですが、広義に言えば、仏教を信ずる在家の信者を包含したものも僧伽ということになります。こうした僧伽を構成する人びとの地位や立場の違いによって適用される戒も、それぞれ異なることになります。

まず、広義の僧伽の構成員を分類すると、次のようになります。

①比丘（二〇歳以上の男性の出家者）

②比丘尼（二〇歳以上の女性の出家者）
③式叉摩那《しきしゃまな》（一八歳以上の沙弥尼《しゃみに》で、正式な比丘になるための二年間のテスト期間にある者）
④沙弥（一四歳以上二〇歳未満の見習いの男性出家者）
⑤沙弥尼（右に同じく見習いの女性出家者）
⑥優婆塞《うばそく》（男性の在家信者）
⑦優婆夷《い》（女性の在家信者）

このように分類される僧伽の構成員に対応して、適用される戒がそれぞれ異なります。

①比丘　二百五十戒（中国や日本に伝わった『四分律《しぶんりつ》』による。南方仏教の『パーリ律』では二百二十七戒）
②比丘尼　三百四十八戒（『四分律』による。『パーリ律』によると、三百十一戒）
③沙弥・沙弥尼　十戒
④式叉摩那　六法戒
⑤優婆塞・優婆夷　五戒・八斎戒《はっさいかい》

（2）五戒の体系

五戒は、本来、優婆塞、優婆夷の在家信者の戒ですが、その精神は出家者の戒律を含め、すべての種類の戒律に共通し、まさしく仏教の戒律体系の根幹をなすものと言えるでしょう。

以下に、それぞれの戒とそれに対応する偈を、『ダンマパダ（法句経）』と同じように原始仏典の一つである『スッタニパータ（経集）』（中村元訳『ブッダのことば――スッタニパータ』岩波文庫）から挙げておくことにしましょう。

①不殺生戒《ふせっしょう》（生きものを殺さない）

生きものを（みずから）殺してはならぬ。また（他人をして）殺さしめてはならぬ。また他の人々が殺害するのを容認してはならぬ。世の中の強剛な者どもでも、また怯《おび》えている者どもでも、すべての生きものに対する暴力を抑えて――。［第三九四偈］

②不偸盗戒《ふちゅうとう》（盗みをしない）

次に教えを聞く人は、与えられていないものは、何ものであっても、またどこにあっても、知ってこれを取ることを避けよ。また（他人をして）取らせることなく、（他人が）取り去るのを認めるな。なんでも与えられていないものを取ってはならぬ。［第三九五偈］

③不邪淫戒《ふじゃいん》（邪淫をしない）

おのが妻に満足せず、遊女に交わり、他人の妻に交わる、――これは破滅への門である。［第一〇八偈］

④不妄語戒《ふもうごかい》（嘘をつかない）

会堂にいても、団体のうちにいても、何ぴとも他人に向って偽りを言ってはならぬ。また他人をして偽りを言わせてもならぬ。また他人が偽りを語るのを容認してはならぬ。すべて虚偽を語ることを避けよ。［第三九七偈］

⑤不飲酒戒《ふおんじゅかい》（酒を飲まない）

また飲酒を行なってはならぬ。この（不飲酒の）教えを喜ぶ在家者は、他人をして飲ませてもならぬ。他人が酒を飲むのを容認してもならぬ。――これは終《つい》に人を狂酔せしめるものであると知って――。［第三九八偈］

この五つの戒条のうち前者四つの戒は、出家者の場合、在家の信者とは異なり、出家者固有の立場が考慮され、その順序や内容に次のような差異が設けられています。

①不淫戒《ふいんかい》（在家信者の「不邪淫戒」は、妻以外の者と淫らな性関係を持つことを禁じたものです。これに対して、出家の「不淫戒」は一切の性関係を持つことを絶対的に禁止するものとなっています）

②不偸盗戒

③不殺生戒

④不妄語戒（出家の不妄語戒の妄語は、単に嘘をつかないということではなく、仏の悟りに到達していないのに、到達したと嘘をつく妄語に限られています）

在家信者の戒は、先に掲げた五戒が中心ですが、その他に「八斎戒」というのがあります。これは、在家信者が毎月、特定の日（八日、十四日、十五日、二十三日、二十九日、三十日——これを六斎日と言います）に守るべき八種の戒を言います。

その八種の戒とは、先の五戒の中の③不邪淫戒を、出家と同じように、夫婦の交接を禁じて「不淫戒」にします。そして、さらに次の三種の戒が加わります。

⑥不《ふ》非《ひ》時《じ》食《じき》戒（午後の食事をしない）

⑦不《ふ》歌《か》舞《ぶ》観《かん》聴《ちょう》香《こう》油《ゆ》塗《ず》身《しん》戒（歌舞音曲を離れ、演劇などを鑑賞せず、華美な化粧・服装をしない）

⑧不用高床大床《ふわうこうしょうだいしょう》戒（ぜいたくな寝台に寝ないで、地面に藁を敷いて寝る）

この八斎戒によって、在家信者は毎月、六日、出家に近い生活をすることになります。

比丘尼たる出家見習い、式叉摩那が守る六法戒は、不淫・不偸盗・不殺生・不妄語・不飲酒の五戒のうえに、午後の食事をしないとする戒が加わります。

次に、沙弥・沙弥尼の十戒は、出家者の五戒に次の五戒が加わります。

⑥不非時食戒（午後の食事をしない）

⑦不歌舞観聴戒（歌舞音曲を離れ、演劇などの観劇をしない）
⑧不香油塗身戒（華美な化粧・服装をしない）
⑨不用高床大床戒（ぜいたくな寝台に寝ないで、地面に藁を敷いて寝る）
⑩不蓄金銀宝物戒《ふちくこんごんほうもつ》（金銭を持たない）

最後に、『四分律』による比丘の二百五十戒と比丘尼の三百四十八戒ですが、先の五戒を基礎として、出家者の中から罪過を犯す者が出る度ごとに、これを戒め、制止するために、時・処・機によって律が制定されていったと言われています。このように、律の条文は随時、その度ごとに、「随犯随制《ずいぼんずいせい》」されていったのです。

（3）戒に対する処罰

すでに述べたように、戒と律は出家にのみ適用され、在家信者には律はなく、戒のみでした。律においては、比丘戒はその罰則の観点から八種類に、比丘尼戒はこの八種の中で「不定《ふじょう》」の罪を欠くので七種類に分類されています。

①波羅夷《はらい》　これは、不淫・不偸盗・不殺生・不妄語の四戒を犯した場合の罪を言います。

この罪を犯した者は、比丘・比丘尼の資格を失い、僧伽から追放されることになります。波羅夷は、懺悔による回復を認めないほど、出家にとっては重罪と見なされているのです。その意味で、この罪は国家法である刑法と比較すれば、死刑の罪に相当する最も重い罪ということになります。

②僧残《そうざん》　これは、故意に精液を出す自慰罪、教団の和合を破壊せんとして教団の警告を受けても中止しなかったなどの戒を犯した罪です。この罪は、教団からの追放を免れますが、波羅夷と並んで最も重い罪ということになります。

この罪を犯した者は、出家者としての資格を失うことなく教団にとどまることができますが、六日間の禁足別住《きんそくべつじゅう》した後、二〇人以上の衆僧《しゅそう》の前で懺悔することになっています。

③不定　この罪は、例えば女性との関係で他人の疑惑を招く行為があって、この行為を目撃した信用ある信者の申立てにより、実際に罪となる行為があったのかどうか、あったとすればどの罪に当たるかが確定できない罪で、あるいは波羅夷罪ともなれば、あるいは僧残罪、あるいは単堕罪《たんだざい》などにもなる罪ということになります。

この罪は、男性から女性のほうに行なう罪ですので、比丘のみに適用されるものとされています。

④捨堕《しゅだ》　これは、衣服・鉄鉢《てっぱつ》・敷具・金銀などについて規定以上のものを所有し、または不適切な所有を禁じた戒を犯した罪です。

この罪を犯した者は、四人以上の衆僧の前でその品物を提出し、懺悔しなければなりません。
⑤単堕　これは、捨堕のように財物に関する罪ではなく、軽い程度の嘘（妄語）を言うとか、故意に虫を殺したり、女性と同宿するなどの戒を犯した罪です。
この罪を犯した者は、三人以上の衆僧の前で懺悔しなければなりません。
⑥悔過《けか》　これは、親戚でない比丘尼から食物を受けることを禁じた戒を犯したなどの罪です。この罪を犯した者は、一人の僧の前で懺悔しなければなりません。
⑦衆学《しゅがく》　これは、厳密な意味での戒律ではなく、食事の仕方、説法の仕方、在家信者に近づくときの注意など、多くの学ぶべき行儀作法であって、罰則は示されていません。
これに違反した場合は、後に述べる突吉羅《とききら》（悪作《あくさ》とも呼ばれ、戒律上、最も軽微な罪）となります。これを故意に犯したときは、一人の上座比丘の前で、故意でないときは、自分の心の中で懺悔すればよいとされています。
⑧滅諍《めつじょう》　これは、罪の名称ではなく、教団内に起き、あるいは起きようとしているさまざまな紛争を解決する方法を定めたものです。
上座の比丘は、これに従って適切に紛争を解決しなければなりません。もしそれができないときは、その上座の比丘が突吉羅罪となります。

以上のほかに、先の八種の罪との関係で二つの罪を挙げておきます。

⑨偸蘭遮《ちゅうらんじゃ》　これは、波羅夷罪あるいは僧残罪に対する未遂罪を言います。

⑩突吉羅　これは、戒律上最も軽い罪とされています。もっとも、偸蘭遮のような八種以上の罪でなく、先に掲げた不定・衆学・滅諍の罪を一括して設けられた分類上の名称と言われています。

（４）罪の原理としての懺悔

以上すべての罰に共通することは、懺悔に始まり、懺悔に終わるということです。すべての罪は、いわゆる刑罰を与えることにあるのではなく、懺悔を起こさしめる手段として理解されているのです。このことは、仏教の罪と罰を考えていくうえで懺悔がいかに大切であるかを示しています。

第一に、戒律に触れる罪を犯した者は、他人の摘発を受けるまでもなく、自らその罪を教団に、同信の修行者たる衆僧の前で告白し、悔恨《かいこん》し、改悛《かいしゅん》の誓いを立てなければなりません。仏道修行者たる出家者にとって悟りが究極の目的ですから、常に自己の行為を自戒反省し、罪あるときは、懺悔し、罪の消滅を得て清浄ならんとすることは当然と言わねばなりません。

したがって、僧残罪の場合、これを自白せずに隠匿したときは、その隠匿した日数をさらに加えた別住の罰を受けねばなりません。

第二に、他人が罪を犯したことを知った者は、必ずこれを本人に告げ、その反省を促し、懺悔をさせなければなりません。これは、相共《あいとも》に仏道に励む「善友」である者の当然の責務であるとされています。

比丘戒の単堕の罪の第六〇四条に「いずれの比丘といえども比丘の重罪を匿《かく》すならば、パーチッティヤである」と定められています。パーチッティヤとは、漢訳では「波逸提《はいつだい》」（捨堕と単堕を含む）と訳されているものです。

第三に、罪を犯した者は、自らの告白によるにせよ、他人の摘発によるにせよ、その罪に応じた処罰を受け、懺悔し、改悛しなければなりませんでした。そして、懺悔の作法は厳しく定められています。

（5）裁決手続

罪を犯した者の処罰を決定する手続規定として守るべき行事作法は、「羯磨《こんま》」と呼ばれています。

ここで注目すべきことは、羯磨には、裁決のための集会への参列、全員出席の有無、議案の提出、討議、裁決、解散の手続順序が厳格に定められ、かつその一切の手続が極めて民主的に行なわれているということです。その手続規定に違反したものは、無効とされています。

この手続は、その進行方法から①単白羯磨《たんびやく》、②白二羯磨《びやくに》、③白四羯磨《びやくし》の三種に分かれます。「白」とは、僧衆に提案し、告知することを言い、「羯磨」とはその事の可否を諮って成立させることを言います。

単白羯磨とは、単に僧衆の前に議題を提出するのみで決し、討議は行なわず、軽微な事案の場合に用いられるものです。

白二羯磨とは、一度提出した提案に対し、一回衆僧の同意、不同意を求める場合に用いられるものです。

白四羯磨とは、一度提出した提案を三回賛否を聴取して決を採る方法で、僧残罪に対する懺悔を受けるとか、処罰として別住を与え、またはその復権を許すなど、教団の重要な案件は大部分この方法が用いられます。

提出された提案についての討議においては、参加した者のそれぞれの意見を求められます。その場合、賛成者は沈黙を守り、反対意見の者のみが発言することになります。

一同沈黙して発言する者がいないときは、議長（羯磨師）は全会一致の裁決を宣言します。反対意見があるときは、その意見を聞いたうえ議論を尽くして、多数決によって可否の裁決を決定します。その場合、裁決は投票によって行なわれ、記名投票による場合と、無記名投票による場合とがあります。

こうした一連の手続は、所定の規定によって行なわれ、これに違反した手続はすべて無効とされました。それだけに議長となる羯磨師の責任は重要なものがありました。

それゆえに、羯磨師には次の五徳を備えた有徳有能な比丘がその役割を担うものとされています。①現象に目を奪われて行なわない、②瞋《しん》によって行なわない、③痴《ち》によって行なわない、④怖れによって行なわない、⑤その羯磨の適法なるや否やを知る知識を身に備えていなければならない――これが羯磨師の五徳と呼ばれているものです。

「羯磨」とは、今日の裁判制度で言えば、法廷での訴訟手続ということになり、「羯磨師」とは裁判官、特に裁判長ということになりましょう。仏教が罪ある者を裁くということ、そしてその裁きに責任を担う裁判官にどのような資質を求めていたかということを知るうえで、この「羯磨師の五徳」は非常に大切なものを教えてくれています。

（6）罪とならない行為

それでは、律の下で、そもそも罪が問われるべき行為とはいかなるものであったのでしょうか。有罪の判決が言い渡される犯罪とはどのような行為でなければならなかったのでしょうか。

戒律の法思想の特徴を知るためには、犯罪となるべき行為があっても、それを罪ある行為としての責任を求めない原則から見ていくことにしましょう。

幸いに、律蔵には各条文の終わりに「不犯《ふぼん》」すなわち無罪となる場合が説かれていますので、それに従って準則化してみることにします。

①その条文が制定される以前になした行為に対しては、これを適用しない。

現代法上、最も重要な法原則の一つに罪刑法定主義と呼ばれるものがあります。これは、いかなる行為が犯罪となるか、それに対していかなる刑罰が科せられるかについて、あらかじめ成文法規に定められていない限り、いかなる行為も犯罪として処罰されることはないとする近代国家の刑法の大原則とされているものです。

その罪刑法定主義の重要な要素の一つが、刑罰不遡及の原則です。この原則が、釈尊の時代にすでに採用されていたことは、まことに大きな驚きと言わねばなりません。

②狂人、痴人および恐怖や苦痛などのために精神の平衡を失っている者の行為は、無罪とする。悪なる行為といえども、その動機がなければ無罪とする。

これは、現行法で言う心神喪失者などの責任無能力者の場合における犯罪不成立に相当するものと見ることができましょう。

③行為をなしても、その事実を知らない者は無罪とする。例えば、不淫戒の場合、ある比丘が眠っているときに、他の比丘あるいは女性が来て淫しても、その事実を全然知らなかった場合は無罪である。同様に、不殺生戒の場合、ある比丘が布をかけた床の上に座ったところ、その布の下に嬰児《えいじ》が寝かせてあり、嬰児はそのために死んだ。この場合、殺意がないので無罪である。

現行法においても、これと類似の原則として、「法は、事実について無知な者を救済する」という法格言があります。

④意識がなく行なうとか、あるいは精神が覚醒状態でなく行なった行為は、無罪とされる。例えば、不淫戒にあって、夢の中で精液を漏らしても、覚醒状態での行為ではないので無罪である。不殺生戒で言えば、臼の上にのぼったところ、その臼が転がって幼児を殺した場合、幼児の危険ということがまったく意識になかったときは無罪とされる。

⑤悪心煩悩を動機として行為そのものが罪となる悪なる行為については、その動機がなければ無罪となります。例えば、不殺生戒の場合、建物を造っているときに誤って石や材木を落として人を殺したときは、一切害悪の心がないから罪にはなりません。重病人を助け起こして便所に往来しているときに、その病人が死亡した場合も罪になりません。

⑥条文に抵触しない範囲の行為は、これを無罪とする。これは至極当然のことですが、律には軽罪に対する無罪の条項としてこれに該当するものが多く掲げられています。
これは、先ほど述べた罪刑法定主義に類似するもので、これもまた先の刑罰不遡及の原則と並んで驚くべきことと言わねばなりません。

以上において注意しておかねばならないことは、ここで「不犯」、すなわち罪を問わないと定められていても、それは必ずしもなんら罪はない、一切の罪を問わないという意味ではありません。その当該の条文に定められている罪を構成しないという意味で理解しておかねばなりません。ここにおいても罪刑法定主義の基本的思想に類似するものがあると見ることができましょう。

例を挙げておきましょう。知らずして幼児の上に腰をかけて殺した場合、不殺生戒の波羅夷罪としては無罪ですが、よく注意せずに腰をかけたということで突吉羅罪が成立することになります。

また、不偸盗戒の場合、他人の所有物を自分の物と誤認して取ったときは、波羅夷罪は成立しません。しかし、誤認したことに過失があったということで突吉羅罪が成立することになります。

（7）罪となる行為

仏教は、すでに述べた「七仏通誡の偈」にも見られるように、悪を為さず、善を行ない、自分の心を清浄にすることを目的とするものでありますから、戒律においてはなによりもその行為を行なった自分の心、すなわち動機が重要とされています。

現代の刑法的表現を使えば、次のようになります。犯罪の構成要件は、①動機、②動機の実行、③動機の実行の完成です。そして、この三つの用件が具備したときは、犯罪の実行があったとし、それが一つでも具備しないときは、未遂罪として処断されることになります。

例えば、不殺生戒について見ると、殺す意思を持って毒薬を与えるのは突吉羅、それを飲んで苦しめば偸蘭遮、動機の実行が完成して死に至ったときにはじめて波羅夷罪となりました。また、堕胎薬を教えてくれと頼まれた比丘がこれを承諾して薬を与えた場合、胎児が死んだときは、波羅夷罪が成立します。しかし、もし胎児が死に至らず、母が死んだとき、波羅夷ではなく、未遂罪としての偸蘭遮となりました。

（8）戒律における刑罰の目的

戒律は、出家者たると在家の信者たるとを問わず、悟りに到達するための倫理的・宗教的実践の規範です。戒律の目的は、あくまでも戒の立場に立って、禁止条項である律を守ることが求められているのです。

したがって、戒律における刑罰の目的は、報復主義、いわゆる応報刑主義ではなく、教化主義、教育刑主義ということになります。戒律における刑罰には、報復の観念はまったくありません。その意味では、刑法的観念としての「刑罰」という用語を用いることは誤解を招きかねず、適当とは言えないかもしれません。

このように、戒律では教化主義、教育刑主義が採用されています。戒律は、罪を犯した者に対してはなによりも、その悪しき行為が悟りの道に違背することを自覚させ、煩悩の執着から離れて、再びの罪を犯さない、いわば「慈悲の勧め」ということになります。

そのために、懺悔が要求されるのです。懺悔、改悛なくしては、その犯した罪の消滅はなく、懺悔あるところにすべての罪は消滅し、罪を犯した者の復権が許されることになるのです。

もちろん、波羅夷罪におけるように、罪を犯した者の復権を許さず、破門、教団からの追放の罰を科すという特別の場合があります。しかし、それ以外の罪の場合で、僧残罪に対する別住、捨堕罪に対する財物の棄捨などのように、それはすべて罪を犯した者に懺悔を促す手段であり、それはまた、衆僧に対し懺悔を公に示し、改悛を誓わせる方法でもあったのです。

小乗戒から大乗戒へ

（1）大乗仏教の戒としての大乗戒

釈尊は、入滅に当たって、重要な戒律は残さなくてはならないが、小さな戒律は捨ててもよいと言い遺されたと伝えられています。しかし、釈尊の弟子の中でも長老たちは、釈尊教団の結束と社会的信用保持の必要から釈尊によって制定された戒律を厳格に遵守していきます。そして、それに加え、時と所に応じて必要が生じてくるごとに五戒を基礎としてさまざまな戒律が設けられるようになっていきます。

このようにして定められた戒律は、膨大な数になっています。戒律も、原始仏教から部派仏教への展開の中で整備され、確定されていきました。その反面、戒律や教理解釈の内容があまりにも煩雑となり、形式主義化していくようになると、仏教の真の精神である慈悲や救済の力が薄れていきます。

そして、いつしか仏教は大衆から離れ、出家者が自分だけの悟りと救われで善しとする、伝統的かつ保守的な出家だけの宗教に流れていきました。

紀元前後頃、こうした仏教のあり方に不満をいだいた人びと、特に在家信者の間から、一種の宗教改革運動が興ってきます。こうした新興勢力の人びとは、これまでの伝統仏教である部派仏教を批判して、「小乗仏教」という蔑《さげす》むかのような呼びかたをし、自分たちの仏教を「大乗仏教」と呼びました。

新しい仏教勢力の人びとにとって仏の教えは、自分だけが、出家者だけがこの苦しみの世界(此岸《しがん》)から自由の仏の世界(彼岸《ひがん》)へ渡り、救済されるということだけを目的とするものではない——真の仏教は、そのような小さな乗り物(小乗)ではない。むしろ、出家者たると在家者たるとを問わず、男性たると女性たるとを問わず、すべての人を同時に彼岸の仏の世界へと導き、救済してくれる大きな教えであるというのです。

そういう仏教革新の旗印として、彼らは自分たちの仏教を「大乗仏教」と呼ぶようになりました。

確かに、「大乗」という呼びかたは正式の呼称ですが、「小乗」という呼びかたはそうではありません。それは、大乗の人びとが投げつけた、いわば悪口でしかありませんでした。したがって、いわゆる「小乗仏教」の流れを汲む現代の南方仏教の人びとは、自分たちの仏教を「小乗仏教」とは言いません。自分たちのことを「上座部仏教」と呼んでいます。

ともあれ、大乗仏教の戒は、大乗戒と呼ばれ、先に述べてきた戒律は、伝統的・保守的仏教たる小乗仏教の戒ということで、小乗戒と呼ばれています。

（2）大乗戒としての十善戒

大乗仏教は、すべての人の救われ、すべての人に対する慈悲を説きます。そのためには、「まず人さま」と、自分のことは忘れて、他人のことを第一にせよという「利他行」を説いています。この利他行の修行に精進する人が、「菩薩《ぼさつ》」（悟りの人）と呼ばれている人びとです。

そこで、大乗戒は「菩薩戒」とも呼ばれます。菩薩には、もはや出家と在家、男性と女性といった区別はありません。慈悲の利他行に精進する人はすべて「菩薩」ということになります。したがって、大乗戒の特色は、根本的には出家と在家信者との区別を立てないところにあると言ってもよいでしょう。

さらに、大乗戒の特色として注目すべきことは、大乗仏教が「律」を作らなかったということです。つまり、大乗戒は、あくまでも「戒」であって、「律」ではないということです。

大乗戒にもいくつかの種類があるようですが、大乗仏教において最初に説かれた大乗戒、今日の私たちにとって最も重要であり、かつ意義のある「十善戒《じゅうぜんかい》」を藤田宏達教授の分類を借りて、見ておくことにしましょう（藤田宏達『人生と仏教4　生活の創造〈仏教の倫理観〉』佼成出版社）。

からだによる行為（身業《しんごう》）

①生きものを殺さない（不殺生《ふせっしょう》）
②盗みをしない（不偸盗《ふちゅうとう》）
③邪淫をしない（不邪淫《ふじゃいん》）

ことばによる行為（口業《くごう》）

④嘘をつかない（不妄語《ふもうご》）
⑤二枚舌を使わない（不両舌《ふりょうぜつ》）
⑥悪口を言わない（不悪口《ふあっく》）
⑦へつらいごとを言わない（不綺語《ふきご》）

こころによる行為（意業《いごう》）

⑧むさぼらない（不貪欲《ふとんよく》）
⑨いからない（不瞋恚《ふしんに》）
⑩正しい見解を持つ（正見《しょうけん》＝不邪見）

これを五戒と比較してみますと、十善戒が在家信者の戒であることがよく分かります。

第一に、不淫戒ではなく、不邪淫戒とされていることです。ここでは、性行為そのものが絶対的に禁止されているのではなく、妻以外の者、夫以外の者との性的関係が禁止されているのです。

第二に、不妄語戒に、新たに言葉に関する三つの戒が加えられています。出家者の不妄語戒は、悟りに到達していないのに、悟りを得たという嘘言に対するものでしたが、十善戒の不妄語戒はもっと一般化、社会化されて、日常生活において嘘をつかないという戒になっていることです。

言葉というものは、ときには人を傷つけ、ときには社会を混乱させ、さらにはときには死に至らしめる暴力ともなり得るものです。二枚舌を使って他人を中傷し、仲を裂く場合の「不両舌戒」、人の悪口を言って傷つける場合の「不悪口戒」、うわべだけの、心にもないお世辞を言って自他ともに欺く場合の「不綺語戒」は、いずれも日常の社会生活を円滑に営むうえで非常に大切なことであり、在家の信者にとって必要不可欠な戒と言えるでしょう。

第三に、十善戒の最後に、不貪欲・不瞋恚・不邪見の三つの戒が加えられていることです。この三つの戒は、仏教の三つの根本的煩悩、すなわち、貪・瞋・痴の三毒の制止に対応しています。もちろん、この毒についての戒は、出家者にも関係しますが、本来これは出家者に限らず、すべての人間存在に固有のものと言えるものです。

こうして見ますと、十善戒はいずれも人間の社会生活においていつでも、どこにでも当てはまるものとなっています。その意味において、十善戒は、在家信者のみを対象とする五戒と比べてはるかに一般的社会性を備えた規範となっており、まさしく大乗戒にふさわしい戒と言えるでしょう。

（3）梵網戒

大乗戒は、中国や日本においてさらに発展していきますが、その中心的な役割を果たしたのが「梵網戒《ぼんもうかい》」と言われるものです。これは、中国で成立したと見られる『梵網経《きょう》』に説かれているもので、十カ条の重禁《じゅうきん》と四十八カ条の軽禁《きょうきん》とから成り、十重四十八軽戒《じゅうじゅうしじゅうはちきょうかい》と呼ばれています。

この梵網戒は、大乗戒の別名とさえ言われています。これもまた、藤田教授の分類を借りることにしましょう。

①殺《せっ》戒（生きものを殺さない）
②盗戒（盗みをしない）
③淫戒（淫欲を行なわない）
④妄語戒（嘘をつかない）
⑤酤酒《こしゅ》戒（酒を売らない）
⑥説四衆過《せつししゅか》戒（他人の過ちを説かない）
⑦自讃毀他《じさんきた》戒（自分をほめ、他人をけなすことをしない）
⑧慳惜加毀《けんじゃくかき》戒（物や教えを施すことを惜しまない）

⑨瞋不《しんふ》受悔《じゅけ》戒（怒って相手が謝っても許さぬことはしない）
⑩謗三宝《ほうさんぼう》戒（仏法僧《ぶっぽうそう》の三宝をそしらない）

　ここでは、大乗戒の特徴を知るうえで、十重禁戒第一の殺戒のみを見ることにしましょう。

「仏の言はく、『仏子《ぶっし》、若自《もしみずか》ら殺し、人に教へて殺さしめ、方便《ほうべん》して殺すことを讃歎《さんだん》し、作《な》すを見て随喜《ずいき》し、乃至《ないし》、呪《じゅ》して殺さば、殺《せつ》の因・殺の縁・殺の法・殺の業《ごう》あり。乃至、一切の命《みょう》ある者は、故《ことさ》らに殺すことを得ざれ。これ菩薩は、応《まさ》に常住《じょうじゅう》の慈悲心・孝順心を起し、方便して一切の衆生を救護《くご》すべし。しかるに自ら心を恣《ほしいまま》にし、意を快くして殺生せば、これ菩薩の波羅《はら》夷罪《いざい》なり。』」（石田瑞麿『梵網経』仏典講座14、大蔵出版）

　この戒の最後の部分に「これ菩薩は、応に常住の慈悲心・孝順心を起し……」とあるように、この戒を保つ使命を担う者は菩薩だということになっています。この戒は、まさしく菩薩に向けられたものであるという条件を設定し、菩薩の「常住の慈悲心・孝順心」を要求していることが分かります。ということは、菩薩の行為に、もし十分な理由があれば、殺害も許されるという可能性を含んでいることを意味します。

　このことは、『瑜伽師地論《ゆがしじろん》』において、菩薩が殺生しても、戒を犯したことにならないばかりか、多くの功徳さえあると、詳細に論じられています。

「もし菩薩、劫盗《こうとう》の賊《ぞく》の、財を貪《むさぼ》らんが為《ため》の故《ゆえ》に、多くの生《しょう》あるものを殺さんと欲し、或《あるい》はまた大徳の声聞《しょうもん》・独覚《どくかく》・菩薩を害せんと欲し、或はまた多くの無間業《むけんごう》（無間地獄に堕《お》ちる極悪の行為）を造らんと欲するを見、この事を見已《みおわ》って、心を起し、思惟《しゆい》す。『我《われ》、もしかの悪衆生の命を断たば、当《まさ》に地獄に堕つべく、もしそれかの命を断たざれば、無間の業成《ごうじょう》じて、当に大苦を受くべし。我、寧《むし》ろ彼を殺して那落迦《ならか》（地獄のこと）に堕つるとも、終《つい》にその人をして無間の苦を受けしめざらん。』とかくの如く菩薩、意業《いごう》し思惟して、かの衆生に於《お》いて、或は善心《ぜんしん》を以《もっ》て或は無記心《むきしん》もて、この事を知り已って、当来《とうらい》の為の故に、深く慚愧《ざんぎ》を生じ、憐愍《れんみん》の心を以て、かの命を断つ。この因縁に由《よ》りて菩薩戒に於て違犯《いぼん》する所なく、多くの功徳を生ず。」
（石田瑞麿『前掲書』）

ここには、慈悲心による菩薩の殺生が利他行として積極的に勧められているのです。もちろん、その場合、これが許されるためには、自ら地獄に堕ちることを辞さない決意、自らを犠牲にして、あえて殺した相手方の苦を代わって受ける、すなわち代受苦《だいじゅく》を行なおうとする菩薩の心が要求されていることに注意しておかねばなりません。

この殺戒からも窺《うかが》われるように、大乗戒の特徴を次のように見ることができましょう。

第一に、大乗戒のような、悪を為さないという消極的行為、そして善を行なうという積極的行為にかかわる戒から進んで、一切衆生のために積極的に善を尽くして救済せしめるという菩薩の利他行の戒となっていることです。

第二に、大乗戒は、小乗戒が出家者たると在家の信者たるとを問わず、自己の悪行を防ぎ、自己の善を積むという自己中心の戒であるのに対し、積極的に一切衆生に対する利他の行を目的とするものであるので、戒の社会化、生活化としての戒となっていることです。

第三に、大乗戒は、小乗戒の性戒《しょうかい》（人間として犯してはならない罪についての戒め）に見られる動機の重視がさらに質的にも積極的に高められ、動機において菩薩の慈悲心さえあれば、殺戒を犯したことにはならず、むしろ多くの功徳があるとして勧められてさえいることです。

（4）大乗戒と菩薩の慈悲心

慈悲心による菩薩の殺生というテーマは、私たちに非常に重要な実践的課題を提示するものですので、少し述べておきたいと思います。例えば、暴虐非道の独裁者がいて、無辜《むこ》の一般大衆に生死の塗炭の苦しみを与えているとき、この独裁者の殺戮《さつりく》行為に対して、不殺生戒を理由に袖手《しゅうしゅ》傍観、黙止を決め込むことができるかということです。

菩薩の慈悲心さえあれば、人を殺害しても殺戒を犯したことにはならない——この命題は、信仰する宗教こそ違いますが、ナチスの総統ヒトラーを暗殺しようとして失敗し、処刑されたドイツのプロテスタントの神学者ディートリッヒ・ボンヘッファーの殉教を思い出させます。

他方、これに対して、先の『瑜伽師地論』の殺戒は、菩薩たることを自任し、菩薩の慈悲という美名の下に人を殺す、あるいはこれを奨励するという狂気を許す危険性があることも指摘しておかねばなりません。

例えば、明治時代に、真言宗（古義《こぎ》）の管長や仁和寺《にんなじ》の門跡《もんぜき》に任ぜられた釈雲照《しゃくうんしょう》（一八二七～一九〇九）という高僧がいました。彼は、日清戦争の際に「不殺生戒法の軍事に対する観念」という講演を行ない、その中で次のように述べています。

「仏教は素《もと》より大慈大悲の精神なれば其眼中悪《そのがんちゅうにく》むべく殺すべきの一衆生だをも見ず。而《しか》して菩薩の大慈大悲は其《その》罪を悪んで其人を悪まず、故に彼《かの》悪人をして恣《ほしいまま》に悪業《あくごう》を造らしめて来世に無間《むけん》地獄に堕落するを傍観するに忍びず、寧《むし》ろ速かに彼を殺し地獄の業《ごう》を止めて作らざらしめ、然る後に再び人間界天上界に現出せしめんことを欲す。（以下略）」（戸頃重基『仏教と社会との対話』春秋社）

この講演の内容について、戸頃教授は次のように総括しています。

日清戦争において日本軍が中国人を殺すことは、中国人があの世へ往って地獄の苦しみを味わうことから救うためにも必要であり、したがって戦争は不殺生戒に抵触しないばかりでなく、仏の大慈大悲とも一致するというものである。こじつけも、ここまでくると狂気の沙汰としか思えない――。

ともあれ、この大乗戒には、このような危険が秘められていることを理解しておかねばなりません。

大乗戒を理解し、これを実践するにあたって最も重要なことは、「慈悲」とは何かという問題でしょう。それは、先の『梵網経』の菩薩の「常住の慈悲心」、自ら地獄に堕ちることを辞さない決意、自らを犠牲にして、あえて代受苦を行なおうとする心ということになりましょう。

慈悲をこのように考えるとき、「では、慈悲の実践とは何か」ということになります。

慈悲の実践とは、中村元博士の言葉を借りれば、「自己と他人とが対立している場合に、自己を否定して他人に合一する方向に働く運動であると言うことができる。それは差別に即した無差別の実現である。したがって慈悲の倫理は、また自他不二の論理であるということができる」（中村元『慈悲』平楽寺書店）ということになりましょう。

それは、まさしくすでに述べた閻魔王《えんまおう》の裁きを彷彿《ほうふつ》させるものがあります。閻魔王は、単なる裁き主ではありませんでした。裁きを終えた後、一日三回、自分が裁いた罪人の地獄の苦しみを自らの責め苦として受けていたのです。それは慈悲の代受苦以外の何物でもありません。

私たちが法廷にあって被告人を裁く——もちろん、法廷の外にあっても私たちはしばしば人を裁くことがあります——とき、「私にとって常住の慈悲心とは何か、慈悲の実践とは何か」を自問しなければならないときに必ず直面することになりましょう。

私たちの信仰が深ければ深いほど、この問いの重さは、私たちに厳しい試練を負わすことになるのではないでしょうか。

日本仏教と「無戒の戒」

日本仏教は、もとより大乗仏教ですから、大乗戒、とりわけ『梵網経』や『菩薩瓔珞本業経《ぼさつようらくほんごうきょう》』で説かれる大乗戒が日本仏教に大きな影響を与えました。しかし、日本仏教の大きな特徴として、これまで述べてきた小乗戒も、さらに大乗戒さえも特に守る必要はないという考えが生まれたということが挙げられましょう。

浄土真宗の親鸞《しんらん》聖人は、聖人自身が在家と同じように妻帯して、「非僧非俗《ひそうひぞく》」の道を選びました。そして、煩悩具足《ぐそく》の凡夫が救われる道はただ一つ、阿弥陀仏の絶対的慈悲によるほかはないと説いたのです。聖人にとって、人は戒律によって救われることができなくても、絶対的他力《たりき》信仰の力によって救われるものであったのです。

親鸞聖人は、確かに、当時すでに形骸化した偽善的な戒の受持を断固として捨て去りましたが、戒そのものを否定したものではありませんでした。聖人は、私たち凡夫が破戒無慚《はかいむざん》、煩悩具足にして、救われる道なき自己をとことん凝視して反省し、懺悔を徹底するところに、弥陀の慈悲による救われの光明を仰ぐことができると説いたのです。親鸞聖人にとって、絶対他力の信仰が戒と同じものであって、いわば無戒の戒（無戒という名の戒を保つということ）とも言うべきものであったのでしょう。

同じことが、信仰による社会・国家の救済を説いた日蓮聖人について言えます。聖人は、自らを「無戒の比丘」（『御衣竝単衣御書《おんころもならびにひとえごしょ》』『法衣書《ほうえしょ》』）と称していますが、決して破戒の立場を取ったわけではありません。

現に、日蓮聖人は、別の御書で「末代に於いては四十余年の持戒なく、唯法華経を持つを持戒と為す」（『守護国家論』）と述べています。これからも分かりますように、聖人にとって持戒とは、法華経を保持すること、帰するところ「南無妙法蓮華経」の題目を唱えることであったのです。日蓮聖人にとっても、無戒の戒は法華経の信仰の中にも自然に立てられるものとされていたと言えるでしょう。

ともあれ、日本仏教の場合、特に親鸞聖人や日蓮聖人などの教えに超戒律、信仰絶対の「無戒の戒」の思想が顕著に見られるのが、一つの大きな特徴と言えるでしょう。そして、この思想は、鎌倉時代を経て今日に至るまで、日本仏教の大きな流れとなっているのです。

しかし、ここに注目すべきことは、「無戒の戒」の思想には一つの大きな陥穽《かんせい》があるということです。絶対の信仰を前提としての「無戒の戒」であってみれば、仏法を信ずるものとして仏と共に生きる絶対の信仰が確立されないときには、その宗教共同体はどうなるのでしょうか。その宗教共同体の社会的権威と信頼性、そしてその社会的影響はどうなるのでしょうか。

大乗戒は、あくまでも「戒」であって、「律」ではありません。その結果、極論すれば、大乗仏教の多くは「律」を捨てたとさえ言われるに至ります。その意味では、「無律の状態」になったとも言えるのです（森章司編『戒律の世界』北辰堂）。「無律」の日本仏教が「無戒」となったとき、そこに問われるのは絶対の信仰のみということになりましょう。

それでは、信仰が形式化し、形骸化、習俗化していくその行き着くところに、何が待ち受けているのでしょうか。その時、宗教は、そして宗教共同体は、どのような様相を呈することになるのでしょうか。戒律をあまりに軽視する日本仏教の現状を見るとき、日本の仏教者に問われているのは、まさにこのことではないでしょうか。

現代は、倫理なき、精神の空洞化の時代です。そうした時代であるからこそ、私たちは大乗仏教の慈悲の立場において、倫理的実践規範としての戒の意味を問い直し、私たちの生活倫理としていかねばならないのではないでしょうか。

第六章　赦しと和解

了海の懺悔と贖罪

人を殺す。殺した加害者が懺悔《さんげ》し、贖罪《しょくざい》すれば、罪なくして殺された被害者の親族たちの心は癒やされるのでしょうか。なんの罪もないのに、愛する人を殺された者は、その殺害者を怨み、怒り、悲しみ、泣き叫び、自分の手で殺してやりたいという報復の気持ちにかられるのではないでしょうか。

しかし、殺した相手を殺すことで、本当に自分の心は癒やされるのでしょうか。報復することで、殺された人、そしてその家族の無念はすべて消え去るのでしょうか。報復することで、過去は消失し、明るい未来の到達は保証されるのでしょうか。

『ダンマパダ（法句経）』に、あまりにも人口に膾炙《かいしゃ》している偈があります。

実にこの世においては、怨みに報いるに怨みを以てしたならば、ついに怨みの息《や》むことがない。怨みをすててこそ息む。これは永遠の真理である。［第五偈］

「事実は小説より奇なり」という言葉があります。他方、小説も事実の中に沈潜している真実を剔出《てきしゅつ》する強大なエネルギーを秘めていることも疑いのないところです。

大正期の自由主義思潮の代表的作家であった菊池寛《きくちかん》の『恩讐《おんしゅう》の彼方《かなた》に』（一九一九年）という小説があります。菊池寛がこの小説の主人公、了海《りょうかい》の懺悔と贖罪の菩薩行、そして親の敵討《かたきうち》にやってきた実之助の赦《ゆる》しと和解を通して語ろうとしていることは、私たちがこの問題を理解するうえで数多くの有益な示唆を提供してくれているように思えてなりません。

この小説は、主人殺しの罪をはじめ、数多くの強盗殺人の悪業《あくごう》の罪を贖《あがな》うため、二一年もの歳月を、九州の耶馬渓《やばけい》で「青の洞門」の開鑿《かいさく》に費やした僧と、父親の敵討ちにやって来た主人の息子との「恩讐の彼方にあるもの」を描き出そうとした歴史小説です。ここであらすじを紹介します。

市九郎は、家臣の身でありながら主人の愛妾《あいしょう》お弓と不倫の関係を持ちます。それに気づいた主人は、市九郎を成敗しようとします。しかし、市九郎は逆に過剰防衛により主人を切り殺してしまいました。

主人殺しとなった市九郎は、女と江戸を逐電《ちくでん》します。市九郎は、逃亡の旅路の間に良心の呵責《かしゃく》に苦しみますが、女からの激しい教唆に抗し切れず、悪事を重ねつつ信州山中の鳥居峠に辿り着きます。そして、ここでも二人は、昼は茶店を開き、旅人を見つけては、夜は追剝《おいはぎ》、人殺しを働いて、日々の生活の糧としていました。

ある日、お弓は、峠の道を幸福そうに旅をしている若い商人夫婦を見かけます。お弓は、その若妻が身につけている装身具を奪い取ろうと、悪心を起こします。そして、市九郎に、この若夫婦を殺して、身につけているもの一切合財を奪い取ってくるように強要します。

お弓のあまりにも激しい見幕に抗し切れず、市九郎は宵闇の迫った峠に出かけ、この夫婦を殺害します。しかし、日頃、お弓のあまりの強欲と非情に愛想をつかしていた市九郎は、自責の念に耐え切れず、直ちにその悪行の場から逃げ出します。そして、美濃の真言宗寺院、浄願寺に辿り着き、上人《しょうにん》にすがることになります。

上人はさすがに、この極悪非道の悪人であっても見捨てることはしませんでした。市九郎が奉行所に自首しようとするのを止めて、次のように教え諭すのです。以下、菊池寛の文章をそのまま借りることにしましょう。

「『重ねがさね悪業を重ねた汝《なんじ》じゃから、有司《ゆうし》の手によって身を梟木《きょうぼく》にさらされ、現在の報いを自ら受くるのも一法じゃが、それでは未来永劫焦熱《しょうねつ》地獄の苦艱《くかん》を受けておらねばならぬぞよ。それよりも、仏道に帰依し、衆生済度のために、身命《しんみょう》を捨てて人を救うとともに、汝自身を救うのが肝心じゃ。』と、教化した。市九郎は、上人の言葉をきいて、またさらに懺悔の火に心を爛《たた》らせて当座に出家の志を定めた。彼は、上人の手によって得度して、了海と法名《ほうみょう》を呼ばれ、ひたすら仏道修業に肝胆《かんたん》を砕いたが、道心勇猛《ゆうみょう》のために、わずか半年に足らぬ修業に、行業《ぎょうごう》は氷霜よりも皓《きょ》く、朝《あした》には三密の行法を凝らし、夕《ゆうべ》には秘密念仏の安座を離れず、二行彬々《ひんぴん》として豁然智度《かつぜんちど》の心萌《きざ》し、あっぱれの智識となり済ました。」

了海は、自分の道心が定まって、もう動かないのを自覚すると、師の上人の許しを得て、諸人救済の大願を起こし、諸国雲水の旅に出かけることになります。

そのようにして諸人救済の旅を重ねつつ、了海は九州邪馬渓にやって来ます。そして、ここには鎖渡しという危険な難所があり、南北往来の人馬が遭難し、一年に三、四人、多ければ一〇人も死ぬことがあると教えられます。

そこで了海は、二百余間《けん》に余る絶壁を開鑿して洞門を通じようという誓願を立てます。彼は、村々を勧化《かんけ》して、この大業の寄進を求めますが、村人は風来僧の大騙《おおかた》りと笑って耳を傾ける者はいません。

了海は、川を圧して聳《そび》え立つ蜿蜒《えんえん》たる大絶壁を自分独りの力で掘り貫こうと決意し、川の清流に沐浴《もくよく》して、観世音《かんぜおん》菩薩に祈りながら渾身の力を籠《こ》めて第一の槌《つち》を振ります。

村人の嗤笑《ししょう》の中で、一日、二日、三日と一心不乱に槌を振り続けていきます。槌を振ってさえいれば、彼の心の中にはなんの雑念も起こりません。作者は、了海の心情を次のように語っています。

「市九郎は一心不乱に槌を振るった。槌を振るっていさえすれば、彼の心には何の雑念も起こらなかった。人を殺した悔恨《かいこん》も、そこになかった。極楽に生まれようという、欣求《ごんぐ》もなかった。ただそこに、晴ればれした精進の心があるばかりであった。彼は出家して以来、夜ごとの寝ざめに、身を苦しめた自分の悪業の記憶が、日に薄らいで行くのを感じた。彼はますます勇猛の心を振るい起こして、一向専念に槌を振るった。」

一年経ち、二年経っても槌を振り続ける了海を、村人は狂人坊主と笑いました。しかし、四年、五年と何年経っても変わらない了海の熱心さに、村人の表情は、いつしか驚異のそれに、そして同情の心へと変わっていき、村人も協力を惜しまなくなっていきます。

だが、工事の進み方はあまりにも遅く、遅々として進みません。がっかりした村人は、次第に洞門のことを忘れるようになります。それでも、了海は独り、くる年もくる年も洞門の中で槌を振るっていました。

一八年目も終わる頃、いつの間にか了海は、岸壁の二分の一を穿《うが》っていました。村人は、この恐るべき奇蹟を見て、あらためて工事の成功に望みを持つようになります。そして、村人たちは、中津藩の理解もあって、今度こそはと、こぞって工事に協力するようになりました。

工事はどんどんはかどります。しかし、二〇年もの間に、彼の両眼は傷つき、視力は朦朧《もうろう》とし、両脚も屈伸の自由を失い、杖にすがらねば歩行さえできないほど老衰していました。

ちょうどその頃、父の敵を探し求めて二七年の間、諸国を遍歴していた実之助がやってきたのです。しかし、いまや了海を「聖《ひじり》」のように敬慕してやまない村人たちの切なる願いによって、実之助は、洞門が完成するまで、敵討ちを延ばさざるを得なくなります。

だが、実之助の心は、完成の日を待つほど寛容ではありませんでした。密かに洞窟に忍び入り、了海を闇討ちにして、この地から立ち退こうと決心します。

その時の様子を、菊池寛は次のように描写しています。長くなりますが、この美しき格調高い名文を味わうことにしましょう。

「入り口から、二町ばかり進んだころ、ふと彼は洞窟の底から、カッカッと間を置いて響いて来る音を耳にした。彼は最初それが何であるかわからなかった。が、一歩進むに従って、その音は拡大して行って、おしまいには洞窟のなかの夜の寂静《じゃくじょう》のうちに、こだまするまでになった。それは、明らかに岩壁に向かって鉄槌《てっつい》をおろす音に相違なかった。実之助は、その悲壮な、すごみを帯びた音によって、自分の胸がはげしく打たれるのを感じた。奥に近づくに従って、玉を砕くような鋭い音は、洞壁の周囲にこだまして、実之助の聴覚を、猛然と襲って来るのであった。彼は、この音をたよりに這《は》いながら近づいて行った。この槌の音の主こそ、敵《かたき》了海に相違あるまいと思った。ひそかに一刀の鯉口《こいぐち》を湿しながら、息を潜めて寄り添うた。その時、ふと彼は槌の音の間々にささやくがごとく、うめくがごとく、了海が経文を誦《じゅ》する声を聞いたのである。

そのしわがれた悲壮な声が、水を浴びせるように実之助に徹して来た。深夜、人去り、草木眠っているうちに、ただ暗中に端坐して鉄槌を振るっている了海の姿が、墨のごとき闇にあってなお、実之助の心眼に、ありありとして映って来た。それは、もはや人間の心ではなかった。喜怒哀楽の情の上にあって、ただ鉄槌を振るっている勇猛精進の菩薩心であった。実之助は、握りしめた太刀の柄《つか》が、いつのまにかゆるんでいるのを覚えた。彼はふと、我に帰った。すでに仏心を得て、衆生のために、砕身の苦をなめている高徳の聖に対し、深夜の闇に乗じて、ひはぎのごとく、獣のごとく、瞋恚《しんい》の剣を抜きそばめている自分を顧みると、彼は、強い戦慄《せんりつ》がからだを伝うて流れるのを感じた。

洞窟を揺るがせるその力強い槌の音と、悲壮な念仏の声とは、実之助の心をさんざんに打ち砕いてしまった。彼は、潔く竣成《しゅんせい》の日を待ち、その約束の果たさるるのを待つよりほかはないと思った。

実之助は、深い感激をいだきながら、洞外の月光を目ざし、洞窟の外に這い出たのである。」

そのことがあってから間もなく、工事に従事する石工のうちに武家姿の実之助が見られるようになりました。了海と実之助、敵と敵が相並んで槌を振り始めたのです。

そうこうするうちに、一年半経ちました。了海と実之助が終日の疲労にめげず、深夜ならんで槌を振っていた、その時です。振り上げた槌から岩に小さな穴があいたのです。その小さな穴から、月の光に照らされたる山国川《やまくにがわ》の姿が、ありありと映っているではないですか。

了海は「おう」と、叫び声を挙げたかと思うと、それに続いて狂ったかと思われるような歓喜の泣き笑いの声が、洞窟の中に響き渡りました。洞門は、ついに完成したのです。

了海の二一年の大誓願がここに成就したのです。しばらくの間、了海と実之助は手を執り合って、大歓喜の涙にむせんでいましたが。やがて、了海は身を退いて、静かに実之助に語りかけました。

「『いざ、実之助殿、約束の日じゃ。お斬《き》りなされい。かかる法悦《ほうえつ》のまん中に往生いたすなれば、極楽浄土に生まるること、必定疑いなしじゃ。いざお斬りなされい。明日ともなれば、石工どもが、妨げをいたそう、いざお斬りなされい。』と、彼のしわがれた声が洞窟の夜の空気に響いた。が、実之助は、了海の前に手をこまねいてすわったまま、涙にむせんでいるばかりであった。心の底からわき出づる歓喜に泣くしなびた老僧の顔を見ていると、彼を敵として殺すことなどは、思い及ばぬ事であった。敵を打つなどという心よりも、このかよわい人間の双の腕によって成し遂げられた偉業に対する驚異と感激の心とで、胸がいっぱいであった。彼はいざり寄りながら、再び老僧の手を執った。二人はそこにすべてを忘れて、感激の涙にむせび合うたのであった。」

『恩讐の彼方に』という作品は、こうしてこの言葉で結ばれています。

争いは欲の患にして

前にも述べましたが、『法華経』に「諸苦《しょく》の所因《しょいん》は　貪欲《とんよく》これ本《もと》なり　若《も》し貪欲《とんよく》を滅《めっ》すれば依止《えし》する所《ところ》なし」(「譬諭品第三」)とあります。

物欲・性欲・食欲・名誉欲・権勢力などの欲望それ自体は、決して悪いことではありません。ただそれが高じて、その欲が「貪り」となり、「妄執《もうじゅう》」となると、それはたちまち個人の苦の根源となり、個人の幸せどころか、社会の幸せ、社会の平和と繁栄を阻害するマイナスの力となるのです。

釈尊は、貪欲が身の破滅を招くことになることを常に戒めておられます。『ダンマパダ（法句経）』から、その戒めの一部を見ておきましょう。

たとえ樹を切っても、もしも頑強な根を断たなければ、樹が再び成長するように、妄執（渇愛《かつあい》）の根源となる潜勢力をほろぼさないならば、この苦しみはくりかえし現われ出る。［第三三八偈］

愛欲に駆り立てられた人々は、わなにかかった兎のように、ばたばたする。束縛の絆《きずな》にしばられ執著になずみ、永いあいだくりかえし苦悩を受ける。［第三四二偈］

あれこれ考えて心が乱れ、愛欲がはげしくうずくのに、愛欲を浄《きよ》らかだと見なす人には、愛執がますます増大する。この人は実に束縛の絆を堅固たらしめる。［第三四九偈］

釈尊は、「マハードゥッカカンダスッタ（苦蘊大経《くうんだいきょう》）」（『マッジマニカーヤ（中部経典）』第十三経）の中で弟子たちに次のように説いておられます。

いま、財産を持っている富裕な者がいるとしよう。財産を所持していると、その財産を守るために苦憂しなければならない。すなわち、「私の大切な財産が国王に奪われはしないか、盗賊に奪われはしないか、火事に焼かれないか、水害で流失してしまわないか、愛してもいない後嗣に取られてしまわないか」と。

そこで、この人は、普段から財産を大切に守り、監視することを怠ることはなかった。それにもかかわらず、その大切な財産が、時に国王に奪われ、時に盗賊に奪われ、時に火事で焼失し、時に水害で流失し、時に愛してもいない後嗣に取られるようなことがあると、悲嘆にくれ、泣き叫び、「あぁ、私が大切にしてきた物が、いまやすべてなくなってしまった」と愚痴の中に身を置くことになる。

釈尊はこのように説かれ、「弟子たちよ、これがほかならぬ欲の患いにして、現実的苦蘊なのだよ」と、釈尊は弟子たちを戒められたのです。ここで説かれている「財産」を、生命、地位、権力といったものに置き換えてみたらどうなるでしょうか。

さらに、釈尊は戒めを説き続けられます。

国王が国王と争い、王族は王族と争う。婆羅門《ばらもん》は婆羅門と争い、家主は家主と争う。母は子と争い、子は母と争う。父は子と争い、子は父と争う。兄弟は兄弟と争い、兄弟は姉妹と争い、姉妹は兄弟と争う。友は友と争う。このように、彼らは互いに自分の主張を言い張って相手を非難し、その論争が高じて手で殴り合う。土塊《つちくれ》を投げ合う。さらには、杖や剣を用いて結着をつけようとする。その結果、死亡する者もいれば、死に等しい苦しみを受ける者も出てくることになる。「これはすべて欲の患にして、現実的苦蘊なのだよ。欲を原因として、欲を条件として、欲を根源として、要するに争いの根本は貪欲にあるのだよ」と戒められています。

それでは、互いに議論、諍論《じょうろん》、論争し合い、相手に対し非難を闘わせているときは、どうしたらよいのでしょうか。講和、和睦の道はないのでしょうか。釈尊は、「コーサンビヤスッタ（憍賞弥《きょうしょうみ》経《きょう》）」『マッジマニカーヤ（中部経典）』第四十八経の中で次のように説いておられます。

釈尊が、一時コーサンビーのゴーシタ園におられた時のことです。一人の比丘が釈尊の許に来て、「コーサンビーの比丘たちが、二手に別れ、議論、諍論、論争に明け暮れ、互いに講和も和睦もいたしません」と申し上げると、釈尊は「比丘たちを私の許に呼び集めなさい」と仰います。

釈尊の命によって比丘たちは一堂に集められます。比丘たちを前にして、釈尊は、次のように仰います。

「弟子たちよ、互いに議論、諍論、論争して、非難し合っているが、身体による行為（身業）、言葉による行為（口業）、心による行為（意業）はどうなっているのか。それらは、陰に陽に、相手に対して慈悲の行為となっているのか。」

比丘たちは「そうではありません」と答えます。すると、釈尊は重ねて次のように仰います。

「身口意で慈悲の行為ができなければ、それは愚痴の人、無明《むみょう》の人である。弟子たちよ、何を知り、何を見て、議論し、諍論し、論争し、互いに非難し合っているのか、互いに講和せず、講和しようともせず、和睦せず、和睦しようともせずにいるが、そのような愚痴の人には、利益も与えられず、幸せにも恵まれないのだよ。」

釈尊はこのように説かれたうえ、比丘たちに次のようにお諭しになられます。

弟子たちよ、摂受《しょうじゅ》（心寛《ひろ》く、相手を受け入れ、穏やかに説得し）、無諍《むじょう》（争わず）、和合《わごう》（親しみ合って)、一致(心を一つにする)のための道として六つの方法がある。その六つの方法とは、慈身業《じしんごう》(慈悲の身体による行為)、慈口業《じくごう》(慈悲の言葉による行為)、慈意業《じいごう》(慈悲の心による行為)、如法《にょほう》の所得《しょとく》(仏法により身に得たもの)、自由無碍にして不動の心に至らしめる定、解脱に導く聖見《しょうけん》である。この聖見をしっかり身につけ、それを正しく守れる人には一切、苦は消滅するのだよ。

釈尊は、身口意の暴力を、つまり一切の暴力を否定します。生きとし生けるものに対する暴力を否認したのですから、人間同士の暴力を認めないのは当然です。そのうえ、釈尊は「議論、諍争、論争」から「講和、和睦」に至る道として六つの方法があり、その六つの道のうち聖見(正見《しょうけん》、以下では「正見」の語を使います)が最も大切であると説くのです。

この正見こそ、釈尊が苦を滅《めつ》する道として教えられた「八正道《はっしょうどう》」、すなわち、正見・正思《しょうし》・正語《しょうご》・正行《しょうぎょう》(業《ごう》)・正命《しょうみょう》・正精進《しょうしょうじん》・正念《しょうねん》・正定《しょうじょう》、八つの道の第一の道です。八正道の教えで「正見」が最初に来ているのが、実に妙であり、肝要なのです。

なぜでしょうか。それは、正しくものを見ることができなければ、物事を正しく考えることはできないからです。正しく考えることができなければ、物事を正しく語ることはできません。

正しく語ることができなければ、正しい行為を行なうこともできないし、正しい生活をすることもできなくなるでしょう。すべてが「正見」から始まるのです。

しかし、「正見」と言っても、「正しくものを見る」と言っても、実に難しいのです。私たちは、ともすれば「私」という自分を中心に据えて自分の尺度で物事を見てしまいます。しかし、「正しく見る」とは、実は「仏さまの尺度で物事を見る」ということではないでしょうか。

一つ、例を挙げてみましょう。よく私たちは、他の人からなにか忠告されたとき、「私のことは、私が一番よく知っているから、いいのよ」と言い返すことがあります。しかし、本当にそうでしょうか。「私」のことは、私が一番よく知っているのでしょうか。

争う人と人の間の加害者と被害者

釈尊は、いたるところで、繰り返し繰り返し「正しく見る」ことの大切さを教えています。しかし、私たちは争う人と人、加害者と被害者、敵と味方という関係を正しく見ているのでしょうか。

まず、その前に私たちは、相争う私たち自身の「私」なる存在をどのように見ているのでしょうか。言うまでもなく、私たち人間は「万物の霊長」と称される存在です。

しかし、そうした私たち人間は、空気がなければ、空気の中の酸素がなければ、生きていけません。では、空気、そして酸素は、誰が作っているのでしょうか。私たち人間でしょうか。いや、そんなことはありません。緑の植物が作っているのです。そうであるとすれば、私たち人間は「緑の植物の寄生虫」にすぎないということになります。

同じように、水はどうでしょうか。太陽の光の明るさは、闇はどうでしょうか。私たちの手になるものがあるでしょうか。

私たちの肉体一つ見ても、同じことが言えます。私たちの肉体は六〇兆個の細胞から成っていますが、そのどれ一つ取ってみても私たちが自分の力で作ったものはありません。

私たち自分の存在を、縦の時間軸とも言うべきX軸と横の空間軸とも言うべきY軸の交差する中心点に置いてみましょう。

まず、縦の時間軸で私という存在を見てみましょう。言うまでもなく、いま、この瞬間に私が存在しているということは、私に生命を与えてくれた父母のおかげです。父母は、さらにそれぞれの父母から、私から見れば祖父母のおかげでこの世に生を享けています。このように、私の「生命」の連鎖は無限に過去の世代へと遡ってきます。

この生命の連鎖は、さらに一〇〇年、二〇〇年、五〇〇年へと遡っていきます。そして、自分を基点として自分の生命を生み出してくれた先祖の数を計算してみると、一〇代前で二〇四六人、三〇代前で二一億四七四八万余人となります。

さらに、この連鎖は八〇〇年、一〇〇〇年、一五〇〇年、二〇〇〇年と、中世、古代を経て歴史時代、そして先史時代、さらには現生人類のホモ・サピエンスが登場する地質時代洪積世《こうせきせい》末期の氷河期（約四万〜一万年前）まで連綿として続いていくことになります。そして、究極的にはこの地球上にはじめて「生命」が誕生した三八億年前まで遡っていくことになるのです。

次に、横の空間軸で見てみましょう。

確かに、私たちに直接、生命を与えてくれたのは私たちの父母です。しかし、私たちの生命をこの世に導き入れてくれたのは、父母だけではありません。出産を助け、産後をみとってくれた助産婦や医師や看護士をはじめ、多くの人びとの力に負うているのです。

さらに、乳児期を終え、保育園や幼稚園に入園、小、中学校や高等学校を卒業し、専門学校や大学に進学、卒業し、家庭人、社会人や職業人として生きていきます。私たちは、家庭・学校・地域社会、それこそ実にさまざまな人びとのお陰を被って生きており、いわばそれらの人びとによって生かされて、生きているのです。

それだけではありません。私たちの生命の糧となる米・麦・豆類などの穀物から青果類、各種の肉類から魚介類をはじめとして、衣食住にかかわる生活関係物資はすべて、それらの生産と流通を業とする人びとのお陰で入手することが可能であり、それによって私たちは生命を維持しているのです。

それに加え、これらの人びとは国内の日本人であるとは限りません。おそらく一生涯のうち訪れることもなく、見聞することさえないと思われる世界各国のさまざまの地域や海域に住む異国の人びとに、いわば「眼に見えない他者」に属する、それこそ量ることのできない数多くの人びとから生きるうえで大きな恩恵をいただいているのです。

実に、人間は不可思議な存在です。実叉難陀《じっしゃなんだ》訳『華厳経《けごんきょう》』「入法界品《にゅうほっかいほん》」（衛藤即応訳・伊藤瑞叡校訂『国訳一切経印度撰述部』華厳部三、大東出版社）は、これを次のように説いています。

「一一の毛孔《もうく》の中の　微塵数《みじんじゅ》の刹海《せっかい》に　悉《ことごと》く如来《にょらい》の坐《ざ》する有《あ》り　皆菩薩《みなぼさつ》の衆《しゅ》を具《ぐ》す」

人間の身体の一つ一つの毛穴に、微塵の数ほどある国土の大海のように広大な仏国土が含まれていて、そこにはすべて菩薩たちをお連れになった如来が座っておられるというのです。

私たちの肉体にいくつの毛穴があるか分かりませんが、その毛穴一つ一つに無限に大きな宇宙が含まれているというわけです。確かに、私たちは有限の小さな存在です。しかし、同時に、過去・現在・未来を一体に収めた、無限の大宇宙的存在でもあるのです。

森羅万象《しんらばんしょう》ことごとく、もちろん、機械によって製造されたものは別ですが、一つとして同じものはありません。人間とて同じです。現在、地球上に約六七・五億（総務省統計局調べ。二〇〇八年現在）の人びとが住んでいると言われますが、誰一人として同じ人間はいません。

人間は、どこまでも絶対的個人です。そうでありながら、他者から切り離された存在ではありません。縦の時間軸と横の空間軸とが交差する他者との相互依存の関係性の中で生存しているのです。そうした関係性の視点から「自己」という存在を見ると、一個人は実はすべての人びとにほかならないということになります。

その意味で、「私」という存在を理解するうえで、日本の国語で「自分」という文字は非常に大切な言葉だと思います。「自」は、鼻の形に由来し、「独自」を意味します。「分」は、刀と八から成ることから理解できるように、刀で切りわけるということで、「全体の一部分」を意味しています。

「自分」は、英語では〝self〟となるでしょうが、〝self〟は個別化された絶対的個としての「私」ということでしょう。しかし、我が国の国語の「自分」は、〝self〟とはまったく違った意味を持つ「私」なのです。

つまり、こうです。世界でただ一つ（独自）の存在である「私」が、実は「自分」「自分」

という我たる私から離れる——仏教の用語で言えば諸法無我《しょほうむが》、すなわち渾然として、別々の存在が互いに一つに溶け合って、宇宙全体の一つになっている「私」だということです。

このように自己と他者と切り離すことのできない「自分」という私なる存在に気づくとき、私とは一見、無関係のように思われる誰かが殺されたら、私自身の一部も殺され、私も被害者ということになるのです。同じように、誰かが人を殺したら、その加害者とどこかで関係し合っている私も加害者ということになりましょう。

そして、大切なことは、加害者もまた被害者であるということです。むしろ、加害者こそ相手を殺し、自分という私を殺しているという意味で、最大の被害者ということになるのではないでしょうか。

このように加害者と被害者との関係を考えていくと、加害者に死を求める被害者もまた加害者になるということになります。もとより被害者の遺族の悲しみ、苦しみ、怒り、そしてそこから生み出される報復感情、加害者に対して死を求める感情を持つのは当然です。しかし、報復したとき、その被害者の遺族も加害者になることに気づいていなければなりません。

釈尊の教えに「マハーシーラヴァ前生《ぜんしょう》物語」（『ジャータカ』第五一話）というのがあります（中村元監修・補注、藤田宏達訳『ジャータカ全集1』春秋社）。ここには加害者と被害者の関係を考えていくうえで大切な示唆が含まれています。

カーシ国のマハーシーラヴァ王は、忍耐と慈悲と憐愍《れんびん》の心で治世を行ない、正義の王として知られていました。あるとき、王の廷臣の一人が後宮内で悪事を働き、それが露見いたします。王は「自分の財産と妻子を連れて、他国へ行け」と国外追放にいたします。

その廷臣は、コーサラ国に行き、コーサラ王に仕え、やがて信頼を受けるようになります。それをよいことに、この廷臣はコーサラ王にカーシ国を攻め滅ぼすよう進言します。

コーサラ王はこの甘言を受け入れ、カーシ国の国情を窺うための盗賊を侵入させ、まず最初には国境の村、次いで中央地方、三度目には都の市街にと略奪させていきます。しかし、カーシ国の国王は、その都度、これらの盗賊を捕まえますが、処罰するどころか、逆に財貨を与えて釈放してしまいます。

そこで、コーサラ王は準備万端を整え、軍勢を率いてカーシ国に侵攻します。しかし、カーシ国の国王は戦うことを欲しません。廷臣たちを説得して都の門を開き、敵軍を入れ、決して抵抗しようとはしませんでした。

ところが、支配者となったコーサラ王は、カーシ国の王と一〇〇〇名の廷臣を捕虜にして墓地に連れて行きます。そして、首までの深さの穴に埋め、狼の食うにまかせようとします。さて、深夜になると狼がやってきます。しかし、狼たちはカーシ国の王の精神力で食うことができないばかりか、逆に王を穴から助け出してしまう羽目に……。そこに今度は恐ろしい夜《や》叉《しゃ》が現われます。しかし、カーシ国王はいのちを奪われるどころか夜叉の帰依を受け、彼らの力を得てコーサラ王を謝罪させることになります。

回心したコーサラ王は、カーシ国を滅ぼすよう甘言した廷臣の処分を命じます。そのうえ、奪ったカーシ国の領土を返還し、今後はカーシ国を守護することを誓い、コーサラ国に帰って行きました。

この物語を通して釈尊は、カーシ国のマハーシーラヴァ王の自己に打ち克つ忍耐の努力と無抵抗主義を称賛され、その努力によって失った名誉を取り戻し、一〇〇〇名の廷臣の生命を救ったのであり、人というものはどんな場合に遭遇しても、希望を断つことなく、どこまでも努力すべきであると説かれます。

そして、その時の性悪な廷臣が実は提婆達多であり、一〇〇〇名の廷臣は仏の徒衆、マハーシーラヴァ王は私自身であったと、釈尊は前世の物語を説き明かされるのです。

この物語は、私たちになにを教えようとしているのでしょうか。被害者たるカーシ国王はとことん無抵抗主義に徹しました。そして、加害者たるコーサラ国王に対し怒りを起こさず、慈悲の心で赦しました。その結果、コーサラ国王は自分の罪を認め、心から悔恨と謝罪をし、以後カーシ国の警護を誓いました。

つまり、被害者が憎しみの根から解き放たれ、加害者を赦したとき、加害者が罪に目覚めるように祈り、そして赦したときに、はじめて加害者は心から自分の罪の深さに気づき、贖罪の心を起こすということを言いたかったのではないでしょうか。被害者が加害者を赦したとき、両者ははじめて根本的に癒やしの機会が与えられることになることを、この仏教説話は教えているのでしょう。

仏教徒であれば、朝夕の読経供養において、宗派によって文言に若干の違いはありますが、最初に「三帰依《さんきえ》」の経文を、終わりに「普回向《ふえこう》」の経文を読誦いたします。

まず、「三帰依」の経文を見てみましょう。

自《みずか》ら仏《ほとけ》に帰依《きえ》し奉《たてまつ》る
当《まさ》に願《ねが》わくは衆生《しゅじょう》と共《とも》に

大道《だいどう》を体解《たいげ》して無《む》上意《じょうい》を発《おこ》さん
自《みずか》ら法《ほう》に帰依《きえ》し奉《たてまつ》る
当《まさ》に願わくは衆生《しゅじょう》と共《とも》に
深《ふか》く経蔵《きょうぞう》に入《い》って智慧海《ちえうみ》の如《ごと》くならん
自《みずか》ら僧《そう》に帰依《きえ》し奉《たてまつ》る
当《まさ》に願《ねが》わくは衆生《しゅじょう》と共《とも》に
大衆《だいしゅ》を統理《とうり》して一切無礙《いっさいむげ》ならん

次に、「普回向」を見てみましょう。

願《ねが》わくは此《こ》の功徳《くどく》を以《もっ》て
普《あまね》く一切《いっさい》に及《およ》ぼし
我等《われら》と衆生《しゅじょう》と

皆共《みなとも》に仏道《ぶつどう》を成《じょう》ぜん

ここにおける「当に願わくは衆生と共に」「我等と衆生と皆共に仏道を成ぜん」の「衆生」の中には、被害者や味方や自分の好きな人たちだけが入っていて、加害者や敵や自分の嫌いな人たちは除かれているのでしょうか。

そんなことはありません。加害者であろうと被害者であろうと、敵であろうと味方であろうと、自分の嫌いな人であろうと自分を嫌っている人であろうと、はたまた人間であろうと、人間以外の動植物であろうと、その一切を問わず、生きとし生けるものすべてがここに含まれているはずです。

私たちが、「我等と衆生と皆共に仏道を成ぜん」と祈るとき、自分だけは、自分の家族だけが、自分の好きな人だけが救われますようにと、祈っているでしょうか。「私も他の人も、加害者も被害者も一人残らず、仏の境地に達せられますように」と祈っているのではないでしょうか。

司法の新しいうねりと修復的司法

心や身体に傷を受け、生命までも奪われた被害者やその家族が、憎んでも憎んでも余りある加害者と和解し、赦す――そんなことは宗教の世界だけのこと、文学などの作り話の世界のことでしかない。もしそれが現実のことだとすれば、先に紹介した菊田幸一教授宛ての手紙の中で表現されている「犬畜生のやること」「悪魔の力添え」をするようなものということになるのではないのか。こうした批判が出てくるのは、当然に予想されることでしょう。

ところが、そんなことは決してありません。今日の刑事司法の世界では、特に少年司法の場で「修復的司法」という新しい司法のうねりが見られるのです。

修復的司法という制度は、一九九〇年代から諸外国で提唱され、すでにカナダやニュージーランドなどでは少年の刑事司法手続に導入され、これが国際的潮流となっていました。我が国でも、九〇年代後半にこの考え方は紹介され、刑事法学者や実務家の間で強い関心が寄せられるようになりました。

現に、国会審議の場でもこの制度は度々、取り上げられてきました（二〇〇〇年四月一三日衆議院本会議、二〇〇〇年四月一四日衆議院法務会議等）。また、内閣の「青少年育成大綱」

（二〇〇三年一二月内閣青年育成推進本部決定）にも、少年非行対策として「個々の事案の状況に応じ、加害者の処遇の過程等において、謝罪を含め被害者との関係改善に向けた加害者の取り組みを支援するほか、修復的司法活動の我が国への応用の可能性について検討する」とする方針が決定されています。

このように、この問題は国会、政府、学界および実務界などの各界において取り上げられ、国民の関心が高まりつつあるように思われます。しかし、修復的司法は、理論の面でも、また具体的な制度的システムの実務の面でも論議すべき問題が数多く残されており、確定された制度として定着するまでには、いまだ至っていません。

専門家の間でも、修復的司法は「刑事司法のキーワードの一つ」となっているものの、論議はいまだ混迷状況にあると指摘している学者もいます（瀬川晃「修復的司法（Restorative Justice）論の混迷」『同志社法学』五六巻六号、所収）。

さて、修復的司法とはなにかということになると、いままでのところ、定説があるわけではありません。これを提唱する論者によってさまざまに異なっているようです。そういったことを理解の前提に置いて話を進めていきましょう。

いま、ある犯罪行為があったとします。通常の刑事司法の場合であれば、「誰がその行為を実行したのか」「その行為はどの法律の、どの罪に違犯したのか」「加害者はどのような罪で処罰されるべきか」といったことが中心的問題となります。

ここでは、加害者（犯罪者）と被害者は「敵と味方」という二項対立の関係にあるものと位置づけられています。そして、加害者は被害者に対し生命・身体・財産・名誉などに危害を加えたのみならず、社会的・法的秩序そのものを破壊したのであるから、この社会から排除されるべきものである――もちろん、将来、社会復帰は許されるとしても、少なくとも一定の期間、社会から排除されるべき存在であると考えられています。

しかし、死刑が確定した死刑囚の場合は、社会復帰の道が完全に閉ざされることは言うまでもありません。

これに対し、修復的司法の場合、「誰がその行為によって傷ついたか」「傷ついた結果の修復のためにはなにが必要なのか」「それは誰の義務であり、誰の責任なのか」「この事件における利害関係者は誰なのか」「事件解決に向かって利害関係者が関与できる手続はどのようなものか」といったことが中心的問題となります。

ここでは、加害者の処罰が第一義的な目的ではありません。被害者と加害者（その家族を含む）、さらには事件にかかわる人びとが一つのテーブルに会し、犯罪によって破綻した加害者・被害者・コミュニティの関係をいかに修復するかを議論します。具体的には、加害者にとっては反省・謝罪と社会復帰、被害者には損害回復と被害者感情の癒やし、コミュニティに対しては秩序の回復・維持などが中心的に話し合われ、加害者・被害者・コミュニティの三者の関係の修復と再生のための解決の道が探し求められることになります。

こうしたことから、修復的司法は「関係的司法」とか、「コミュニティ司法」、あるいはまた「癒やしの司法」などとも呼ばれています。

確かに、修復的司法の意味するところはさまざまです。実践形態からは、弁護士主導型、NPO主導型、裁判官主導型などに分けられます。また、実践的機能の面からは、対話というプロセスを重視するか、対話を通して修復的な結果を重視するかにも分けることができるでしょう。

ここでは、修復的司法を最も広く解して、被害者と加害者との対話という点に着目して、いくつかの実践例を見ることにしましょう。以下に、時間系列でその主だったものを取り上げることにします。

①一九九七年三月、岡山弁護士会により裁判外での紛争解決手続を扱う機関として「岡山

仲裁センター」が設立されました。そして、刑事事件の被害者が加害者と直接対面し、反省と謝罪を要求したり、真に知りたい情報を入手したり、被害の実情や心情を伝えることができるのではないかという考えから、少年犯罪事件を扱うことになりました。

このセンターの存在が注目を集めたのは、当時、中学三年生の五人の少年が高校一年生の被害者に集団で暴行を加えた傷害事件がこじれにこじれていたのですが、同センターが介在することによって仲裁が成立し、解決に至ったということからでした。

被害者の両親は当初、加害少年とその親を相手方として慰謝料の支払いを求める調停を申し立てていましたが、調停が不成立となりました。そこで、別の裁判所に対し、加害少年等を被告として、慰謝料の支払いを求める訴訟を提起したのです。

加害少年たちの代理である弁護士は、話合いによる円満な解決を求めて、同センターに仲裁を申し立てたのです。同センターは、弁護士と臨床心理士を共同仲裁人として選任しました。

仲裁は、二度行なわれました。最初の仲裁は被害者、加害者と個別面接をし、二度目は被害者と加害者が同席しました。同席しての話合いは、感情的なやりとりもあったとのことでしたが、「もっと早く謝っておけばよかった」という加害者側からの謝罪の一言がきっかけとなり、被害者側も「感情をぶつけることができたし、お詫びの言葉も聞けた」と感情を和らげることになります。

そして、話合いの結果、和解案として加害者が被害者に謝罪すること、加害者が被害者に損害賠償をすること、被害者は損害賠償請求事件の訴えを取り下げることなどを確認し、仲裁が成立したのです（向井紀子・大月晶代「修復的司法――少年司法との関係を中心に」『レファレンス』二〇〇五年一〇月号）。

②二〇〇一年六月、千葉県を活動領域としてNPO法人「被害者加害者対話の会運営センター」（以下、「対話の会」と略します）が設立されました（向井・大月「前掲」）。この対話の会は、千葉少年友の会（会員は家庭裁判所調停委員（現・元））、千葉ファミリーカウンセリングルーム（社団法人家庭問題情報センターの千葉支部、会員は元家庭裁判所調査官）、千葉弁護士会の三団体の有志で設立されました。

対話の会の設立は、犯罪に対し被害者中心の対応をすること、及び犯罪によって最も直接的に影響を受けた被害者・加害者やその家族・地域社会の人びとが犯罪によって引き起こされた関係破綻の対応に直接的に関与できる機会を提供することなどを目的とする、とされています。

関係修復にふさわしい対話の場とするために、対話は非公開、秘密が原則です。そして、この対話では、各参加者は犯罪における自己の体験、犯罪によって受けた影響を話し合い、質問と回答のやりとりが行なわれます。

その後、被害の回復や少年の更生のために何ができるかが話し合われ、互いの立場を理解ができ、話合いが合意に達すると、その内容が文書にまとめられます。そして、参加者がこれを確認したうえ、合意文書として各参加者が署名し、互いにその合意文書の複写物を受け取ります。

③二〇〇一年三月、神戸市内で溶接工の少年（当時一七歳）が、一〇日前に少年院を退院したばかりの少年の新聞配達員（当時一九歳）を暴行死させました。この少年は、傷害致死容疑で、神戸家庭裁判所での少年審判に付されることになりました（読売新聞朝刊二〇〇一年八月一二日）。

この被害者の父親は、意見陳述で、「検察に逆送致して裁判を開いてほしい」と求めるとともに、「反省の言葉を聞きたい」と訴えました。通常、遺族は審判廷以外の場で裁判官や家庭裁判所の調査官に意見陳述するのですが、四人の加害少年のうち本人や家族の同意が得られた一人の少年の了解を得られたことから、この事件を担当した井垣康弘裁判官（判事）は逆送せず、審判廷での意見陳述を認めました。

被害者の父親は、「息子は少年院でクリーニングの資格を取り、将来は店を持ちたいと言っていた。怒りは言葉にならない。心からの反省ができてから、線香を上げにきてほしい」と述べました。加害少年は泣きながら頭を下げ、「申し訳ありませんでした」と繰り返しました。

父親は、謝罪する少年に歩み寄り、「少年が人を死なせる事件が頻繁にあるが、息子が最後の被害者であってほしい。君も頑張れ」と肩に手を置き、励ましました。父親は後で、こう語っています。「当初は殺したいと思うほどだった。でも、いい顔になって少年院から帰ってきた息子と、審判廷での少年がだぶって見え、少年の更生を期待したいと思うようになりました」と。

井垣裁判官は新聞記者からの取材に対し、「少年は『遺族に会って謝ることができてうれしかった』と振り返っている。加害少年と接することで、遺族の悲しみや怒りが癒やされる効果を期待したい」と語ったと、新聞記事は伝えています。
④二〇〇四年三月、大阪市にNPO法人「被害者加害者対話支援センター」が設立されました。このセンターでの被害者加害者対話プログラムの対象者は、次の通りです。
（1）加害者に会って被害の実情を理解させ、加害について加害者しか知りえないことを知りたい被害者。
（2）被害や被害者の実情について理解し、自らの責任を実感したうえで、謝罪し、償いの行動を取りたい加害者。
（3）被害者または加害者が未成年である場合は、その保護者を含む。
（4）死亡事件及び性暴力事件については、原則として被害者からの申込事案に限って取り扱う。ＤＶ（ドメスティック・ヴァイオレンス）及び児童虐待事件については、原則的に除外する（必要に応じて再検討する）。
そして、プログラム及び対話の目的として、次の三点が掲げられています。
（1）プログラムの目的は、特定の非行・犯罪の被害者及び加害者に対し、安全に対面して話をする場と機会とを提供することである。
（2）対話の目的は、被害者が知りたいことを知り、伝えたいことを伝えること、及び加害者が謝罪を表明し、加害の責任を負う機会を提供することである。
（3）対話の結果として、プログラムの第一の目的は、対話そのものにある。自らの正直な気持ちと考えを述べ、それが傾聴されることによって、体験に光を当て、その後の生活に肯定的な影響が及ぼされることを目的とする。
⑤二〇〇〇年一二月、少年三人を含む当時一八〜二五歳の男女八人が、アルバイトの女性店員（当時二〇歳）を仙台市青葉区の暴力団事務所などに六日間にわたり監禁し、木刀やフラ

イパンで殴ったうえ、苦しみから「もう殺して」と懇願する被害者の頭をテーブルの角に打ち付けるなど執拗な暴行を加え、死亡させました。

加害者たちは、遺体を車で山林に運び、灯油をかけて焼いたというのです。加害者のうち七人は、仙台地方裁判所で傷害致死罪などで実刑判決を受け、一人が少年院送致となりました（毎日新聞二〇〇五年二月三日）。

この凄惨な事件は、被害者の中学校の一年先輩で、面識もあった当時二一歳の女が「（被害者が）約束を破った」などと仲間に嘘をつき、リンチするよう仕向けたのが発端でした。仙台地裁は、判決で「人を人とも思わない冷酷非道な行為」と指摘した事件でした。

被害者の両親は、「なぜ娘を呼び出して暴行したのか。致命傷を与えた時の気持ちと、娘のその時の様子、最後の言葉、亡くなった時の部屋の様子、一つ一つの場面の事件の真実が知りたい」と訴え、加害者たちとの対面を求め続けてきました。

今日、被害者の遺族がすでに刑務所に服役している受刑者と対面し、直接会話を交わすことは、ほとんど不可能と言っていいでしょう。というのは、当時は監獄法（現在では、「刑事収容施設法」）上の制限があるうえに、矯正教育上、外部との接触は受刑者の利益にならないとの認識が支配的であるからです。

　しかし、この遺族の両親は、事件の真実を知りたいという切なる願いから、栃木刑務所で服役している受刑者に損害賠償を求める民事訴訟を起こし、当事者同士が直接、和解を協議するという名目で対面を果たしました。この対面では、金銭上の協議を目的とするものであったこともあって、機微に触れる話はほとんどできなかったとのことです。

　それでも、服役中の加害者と被害者の遺族が会うのは極めて、異例中の異例の出来事でした。それは、一つは、両親が繰り返し面会を求めたということ、いま一つは、それを真摯に受け止めた裁判長が刑務所の了解と本人の同意という二つの条件を出したことで、面会が実現することになったのです。

　また、他方、この両親は実刑判決を受けた七人の加害者に手紙を書くよう求めていました。この願いは、仙台地方検察庁の仲介もあって、当時はすでに受刑者から二〇通を超える手紙となって実を結んでいました。

　先に紹介した通り、対面した受刑者の便箋二枚の手紙には、「深く反省しお詫び申し上げます。責任は全て私にあります。私は生きている資格などありません。刑務所にきて二年が経ち、大分気持ちも変わりました。あのころの自分とは違いますし、もう二度と過ちは繰り返しません」と書かれていました。

また、北海道の刑務所に服役している受刑者（当時二一歳＝女性）からは、整った字で一四ページの手紙が送られてきました。そこには、裁判では語られなかった謝罪の言葉がこと細かに綴られています。そして、この受刑者からは毎年、彼岸とお盆、一二月二四日の命日には必ず生花と線香が送られてくるとのことです。

その他、男性の受刑者（当時一九歳）には、「Sさん（被害者）の人生を勝手に終わらせてしまった。自分の腐った性格と、腐ったこの手で殺してしまった。死ぬまで苦しみ抜きます」。いま一人の男性の受刑者からも、「悩めば悩むだけ、本当に自分は命の尊さについて根から分かっているのだろうかという思いが強くなるばかりです。Sさんやご遺族の方へは、心から謝罪するということがどういうことなのか自信が持てない状況のままです」。

被害者の両親は、受刑者たちの手紙を読みながら「『早く刑を終えるためのポイント稼ぎ』と思うこともある。それでも『永遠に分からない事実を知ることができた。手紙を求めて良かった』という気持ちが強い」と、遺族の複雑な気持ちを述懐しています。
⑥二〇〇七年十月から、警察庁は修復的司法を正式に全国の警察で導入し、「少年対話会」を発足させました（朝日新聞夕刊二〇〇七年九月二六日）。
少年対話会で対象となる少年は、逮捕されていない一四歳以上の少年で、非行事実を認めて

いるケースに限定され、保護処分や刑事処分を受けないと予想される事例が選ばれます。その理由は、通常なら、これらの少年は少年審判まで行かないため、少年があらためて自らの非行に向き合う場はほとんどないというところにあります。

新聞は、次のように報道しています。

「警察が検察庁や家裁に書類を送る前の段階で実施し、少年になぜやったのか、誰に迷惑をかけたかなどについて説明を求める。司会は警察の少年補導職員が務め、被害者にも被害実態や少年に望むことなどを語ってもらう。親や支援者も発言でき、最後に少年に償うために何をするかを述べてもらう。」

そしてこの制度の導入に当たっての警察庁の目的について、「少年の更生と再発防止の手助けをするとともに、被害者も少年の胸の内を聞くことで、更生に理解を示してもらうことなどを期待している」と伝えています。

⑦二〇〇九年四月、兵庫県弁護士会は、刑事事件の被害者と加害者の対話を仲介する組織として、「犯罪被害者・加害者対話センター」を設立し、センターで「謝罪文銀行」を設置しました（朝日新聞夕刊二〇〇八年一〇月四日・同朝刊二〇〇九年六月二六日）。弁護士会が主体となるのは、全国ではじめての試みであるとのことです。

このセンターは、「被害者か加害者からの申し立てを受けて、相手に何を伝えようとしているのかを確認。冷静に対話できること、相手も会うことに同意することを条件に、面会の手続に入る。中立者への対応などは、弁護士の他に臨床心理士や精神科医があたる。

加害者が被害者にあてた謝罪などの手紙をめぐっては、被害者が文面を読む気持ちになれずに受け取らなかったり、廃棄したりするケースがある。このため、被害者に渡しても差し支えない内容の手紙と判断した場合に限って『謝罪文銀行』が預かり、被害者に通知。被害者が受け取る心境になった時点で渡すという。兵庫県弁護士会の福元隆久副会長は『両者の関係修復を図ることで、いたずらに厳罰化を求めるのではなく、被害者が受けたダメージの回復と加害者の更生につながる組織にしたい』と語る」と、新聞は伝えています。

修復的司法と応報から共生への道

ところで、刑事司法とはそもそも、なんのためにあるのでしょうか。犯罪に対して刑罰を加えることは、どのような意味を持っているのでしょうか。

この問題は、古の過去から現在にいたるまで、洋の東西を問わず、それこそ夜空に光る星屑のように数多くの論議が展開されてきました。しかし、その努力にもかかわらず、いまでも一致した答えがあるわけではありません。

ある人は、刑罰は犯罪に対する無条件の絶対的応報であると言い（絶対的応報刑論）、ある人は、犯罪防止の効果が期待される範囲内での応報だと主張します（相対的応報刑論）。

また、ある人は、刑罰は犯罪者以外の一般人が犯罪を犯すことのないよう、威嚇・規範意識の確認や強化を目的とするものだと言い（一般予防論）、ある人は、刑罰は犯罪者自身を再び犯罪を犯すことのないように、諸種の教育を通して犯罪者の改善を図るものだと主張します（特別予防論とか、社会復帰論、または教育刑論とも呼ばれています）。

さらにまた、ある人は、刑罰というものは複雑な国家的・社会的制度であるから、これを一つの考え方で一義的に意味づけることはできないとし、応報刑論と一般予防論と特別予防論の三つの考え方を統合し、総体的に把握すべきであると主張しています（統合説）。この統合説は、今日、有力になっていますが、しかし、この三者をどのように統合するかというと、これまたさまざまな議論がなされています。

刑罰についてのこうしたさまざまな考え方は、その時代、その時代の時代思潮と、その時代思潮の流れの中で人間はどう理解されていたのか、社会は、国家はどう理解されていたのかということと密接に結びついているのです。刑罰は、なんのために、誰のためにあるのか――刑罰の中に、その時代の考え方の結晶を見ることができるのです。

まことに刑罰の歴史は、その時代が加害者と被害者を通して人間というものをどのように見ていたのか、加害者と被害者が関与する社会というものを、国家というものを、そしてまた加害者たると被害者たると、はたまた第三者たるとを問わず、人間と社会の関係を、そして人間と国家の関係を、どのように見ていたのかという、その時代の証でもあるということになります。刑罰は、まさにその時代の時代相を明らかにする証人でもあるのです。

その意味で、「修復的司法」は刑事司法における新しい時代の到来を告げるものと言えるでしょう。それはまた、当然、刑罰における人間観・社会観・国家観などに新しい変化が出現していることを告げるものとも言えるでしょう。

このように、修復的司法が加害者・被害者・コミュニティの三者の関係の修復、回復、癒やしの再生を志向するものというとき、一九七〇年代以降、広く人口に膾炙《かいしゃ》されるようになった「共生」という言葉が思い起こされてなりません。

一九八七年に『共生の思想』（徳間書店）を公刊された黒川紀章氏によれば、後に芝の増上寺の法主となられた椎尾弁匡師が一九二二年に「共生き仏教会」を作られ、共生（共生き）の思想を説かれていたとのことです。そして、黒川氏は「共生」を次の三つの意味で定義をしています（財団法人世界宗教者平和会議日本委員会編『日本の叡智は語る――21世紀の日本像』）。

第一に、共生には対立、競争という要素が含まれている。人間同士、男と女の間、組織と組織の間、そして国と国との間で互いに対立して、競争しているにもかかわらず、互いが互いを必要としているということ。

第二に、互いが互いに必要としているだけでなく、一たす一は二以上になるということ。共生の力によって、一人でできなかった大きな創造力を発揮することができるようになる。

第三に、互いに絶対に共通になり得ない聖域があり、その聖域を認め合って、共通のルール、共通の土俵を広げていくということ。

黒川氏の所説は、実は「世界宗教者平和会議」（以下、「WCRP」と略します）日本委員会が一九九五年から五年間にわたり毎年、「21世紀への提言――日本会議」と題して「サミット21シンポジウム」を開催した第二回目「21世紀の日本像――共生の世界を求めて――」において語られたものでした。

このシンポジウムでは、我が国各界の良心と知性を代表する最高指導者が一堂に会し、「21世紀への提言」として世に問うたものです。「21世紀の日本」を語る――そのためには従来、ともすれば相互の交流と理解を欠いた政治、経済、学術、教育、文化、宗教、マスコミなどの各界が対話し、協力の道を模索することが絶対的に必要不可欠なのです。そうしたことから、宗教界が主体となって各界の架け橋の役割を務めて行なわれたこのシンポジウムは、来るべき「共生」の時代を先取りするものであったのです。

このシンポジウムは、すでに述べましたように、五カ年にわたって開催されました。この五回のシンポジウムに貫く基本テーマは、「共生」でした。

一九九五年の第一回は「21世紀の日本と世界」です。それを受けて、九六年の第二回は「共生の世界を求めて」、九七年の第三回は「共生の倫理に向けて」、九八年の第四回は「対立から共生へ」、最終年となった九九年の第五回は「共生への貢献と実践」へと、このシンポジウムは展開されました。そして、ここにおいて共生のビジョンと共生の倫理との統合が図られ、21世紀に向かう私たちの方向性と責任が明らかにされたのです。(WCRP日本委員会編『前掲書』)。

二〇〇〇年一〇月、WCRPは創設三〇周年を迎えました。同年一一月に開催された記念式典には海外一七カ国の代表三七名を含む一九〇〇名が参加し、ローマ教皇ヨハネ・パウロ二世は「京都における、第三十周年記念会議が、世界宗教者平和会議の崇高な目標実現のための新たなる献身となりますよう祈ります」とのお祝いのメッセージを寄せられました。

この三〇周年の記念事業としてさまざまな行事が行なわれました（詳細は、WCRP日本委員会編『共生時代の宗教協力』）。そして、これらの記念事業は二一世紀を「共生の時代」と方向づけ、「21世紀、ちがいを大切に共に生きよう」を統一テーマとし、二一世紀に生きる者としての指針が提示されました。

さらに、二〇〇六年八月、京都で第八回WCRP世界大会が開催されました。この大会には、世界のすべての主要な宗教伝統と諸宗教を代表とする、一〇〇カ国以上から八〇〇名を超える宗教指導者が参集しました。そして、参加者たちは、四日間にわたって「あらゆる暴力をのり超え、共にすべてのいのちを守るために」を主題として、今日世界的に繰り広げられている暴力――武力紛争、大量殺戮、テロ、貧困、飢餓、疾病、人身売買、環境破壊その他各種各様の暴力――の現実を確認し、これらの暴力に立ち向かい、解決するための道を語り合い、具体的なビジョンを提示し、その具体的実践のための行動を誓い合ったのです。

本大会の主題「あらゆる暴力をのり超え、共にすべてのいのちを守るために」と邦訳した英語の原名称は、〝Confronting Violence and Advancing Shared Security〟です。後半の〝Shared Security〟（文字通りの訳語では「共有される安全保障」となります）という用語は、今日、世界の識者が人びとの安全な生活というものをどのように考えているかを知るうえで重要な鍵となる言葉です（この言葉の持つ今日的な歴史的意義については、眞田芳憲『共有される安全保障』〈Shared Security〉の観念について――世界宗教者平和会議日本委員会『平和のための宗教　対話と協力』第三号を参照）。

この大会で採択された「京都宣言」では、〝Shared Security〟についての明確な概念規定は行なわれていません。したがって、〝Shared Security〟とはそもそもなにを意味するのか、その用語上の概念はこの「宣言」からは窺い知ることはできませんが、少なくともその含意するところは宣言文から看取できると思います。

その宣言文の一節に、次のような言葉があります。

「いかなる個人や共同体であれ、他者が苦しみの中にある時、自分たちは安全だと思いこむなら、自己欺瞞にほかならない。他者が基本的ニーズを満たせず、弱者の立場におかれているなら、どのように高い防御壁を設けようとも我々はその影響を避けることはできない。他のいかなる国であれ脅威に晒されるなら、どの国も安全ではあり得ない。最も弱い立場にある人より我々が安全であることはない。」

この「京都宣言」の一節から、次の三つの点を指摘することができるでしょう。

第一に、自己の安全と他者の安全とは相互依存の関係にあるということです。個人であれ国家であれ、自己が安全であるためには、他者が安全を共有していなければならない。他者が暴力の中で苦しんでいる時、そこには自己の安全も脅威にさらされているのです。

第二に、国家（社会）の安全を「人間の安全」へと発展させたということです。人びと一人ひとりの「安全保障」は、国家（社会）の枠を超克しない限り、真の意味での人びとの安全はあり得ないのです。

第三に、すべてのいのちを守るための「共有される安全保障」の実現は、社会を構成するすべての部門が暴力に立ち向かう必要性を認識しつつ、複数の利害関係者が連帯し、協力し合って進めていかねばならないということです。

しかし、京都大会では、私たちの「共有される安全保障」という用語の概念を原理原則という形で明文化するところまではいきませんでした。この作業が実現するのは、二〇〇八年七月二、三日の「G8北海道・洞爺湖サミット」に向けて開催された「平和のために提言する世界宗教者会議」まで待たねばなりませんでした。

この宗教者会議の場において、WCRP日本委員会は、幾度かの討議を重ねて確定された「共有される安全保障」の概念を以下の六点にまとめて提示しました。

（1）地球的視野　我々は一つの世界に生きている。今日の課題に取り組むうえで、地球的視野を持つことは本質的に重要である。
(2)相互関連性　我々はすべて関連し合っている。相互関連性とは、他者への脅威は、自己への脅威につながり、他者の安全は自己の安全へと連動していくことである。
(3)いのちの尊厳　我々はすべて尊厳を尊重されることを望んでいる。すべてのいのちの尊厳が、平等に守られなければならない。我々は、すべて、自然環境を尊重しなければならない。
(4)最弱者層への特別な配慮　我々は、深刻な貧困や肉体的な危険によって、特に弱者となっている大勢の人たちを支援する共通の義務を有する。
(5)将来への責任　いま下す決断が将来に影響する。我々は、将来の世代に対しての共通の責任を有している。
(6)多様な行動主体　すべての個人や組織は、「共有される安全保障」の一部である。すべての個人や組織が、「共有される安全保障」を促進するために協力する必要がある。
WCRPにかかわる一連の国際会議の場で醸成されてきたこの「共有される安全保障」の概念は、私たちの足元の国内的問題からグローバルな国際的問題まで包含した全地球的課題を対象としたものです。しかし、その根本には、いかにしたら私たち一人ひとりがいのちを尊ばれ、平和で、安全な生活を享受できるかという人間の根本的な願いが秘められていることに留意しておかねばなりません。

その願いは、ただ一つ、「共生」、「共生き」ということ、他者の安全があってこそ、自分の安全があり、他者の幸せがあってこそ、自分の幸せがある、だからこそ自分が安全であるためには、他者と安全を分かち合わねばならないのです。

自分が幸せであるためには、他者も幸せでなければなりません。他者の苦しみは、私の苦しみでなければならない、そういう自覚、同感共苦の自覚を持たねばならないのです。

私たちは互いに深い相互依存の中で生きています。だからこそ、私たちは他者の尊厳性を尊重し合って生きていかねばならない責務があるのです。

犯罪者といえども、はたまた加害者といえども、鬼でもなく、悪魔でもなく、私たちと少しも変わらない同じ人間です。犯罪者は、罪を犯す前、彼らのいのちは、彼らの生活は安全だったのでしょうか。彼らは幸せだったのでしょうか。彼らの苦しみを共に分かち合ってくれる人はいたのでしょうか。

犯罪者と、そして私たちの加害者を、「私たちとは異なる世に棲める者」（坂口弘）と差別する排除の論理は、私たちに差別の心を増殖させ、弱き者と強き者、負け組と勝ち組と社会の対立構造の強化を促すだけです。その行き着くところは、社会の安全がますます損なわれていくということになりましょう。

二項対立の排除の論理は、私たちの心の中に偏見と不信、疑惑と対立を生み出していきます。そして、家庭、学校、地域、国家、世界たるとを問わず、その社会の中に、平安、安寧、平和というものが、常に危険にさらされていくことになるのです。

私たちに、いま、問われているのは、決して加害者を排除するということではありません。「排除」から「共生」への道が求められているのです。加害者も被害者も、両方を含めて、私たちの社会の中に引き入れ、引き受け、共に生きる「共生」の方策をどのように模索し、これを実現していくか――これが私たちに問われているのです。

もちろん、被害者は、肉親を殺された親族は、怒り、憎しみ、悲しみ、泣き叫び、「加害者を殺してやりたい」という感情に襲われることでしょう。「大切な人」を奪われた肉親の家族愛の心情からすれば、それは当たり前のことです。それがなかったら、家族じゃないということになりましょう。そうした被害者に対して、「憎き加害者と『共に生きよ』だなんて、なんと残酷なことを言うのか」という厳しい反論が出されるのも、これまた当然です。

しかし、加害者を排除し、加害者を死刑台に送っても、被害者の心は、被害者の家族の心は、はたしてこれで癒やされることになるのでしょうか。「どうして、私は殺されたのか」「どうして、私は殺されねばならなかったのか」「どうして、私の愛すべき家族は殺されねばならなかったのか」「どうして、私の愛すべき家族は殺されたのか」——この問いに答えが返ってこない限り、被害者の心は、そして被害者の家族の心は永遠に癒やされることはないでしょう。

被害者の犠牲を、被害者の家族の犠牲を無駄にしない未来をどのように築きあげるのか。それは、加害者が自分の大きな過ちを懺悔し、その懺悔の生活の中で罪を償い努力を重ね、真の人間性を回復していくことのできる出会いがあってこそ、それが被害者の癒やしへとつながっていくのではないでしょうか。その「癒やし」への道は、硬直した対立から一歩を踏み出して、第三者の仲介による加害者と被害者または被害者の家族との対話の糸口を見出すことから始まるのです。

その対話は、もちろん、出会いがなければなりません。出会いがあって、語り合いがあり、語り合いから真の「対話」へと展開されていくのです。

「対話」という言葉の英語は、〝dialogue〟（ダイアログ）です。この英語の語源は、ギリシア語の〝dialogos〟（ディアロゴス）です。「ロゴス」にはいろいろな意味がありますが、本来的な意味は、「理性」とか「神の言葉」、「神」という意味ですらあるのです。「ディア」は「通して」「介して」という意味の前置詞です。

したがって、「対話」――「ディアロゴス」とは、「神の言葉」とか「理性を通して」語り合うということになります。「対話」が、個人的感情――貪・瞋・痴に根ざした感情――ではなく、このような本来の語義に従って「神の言葉」「神の心」で、「仏の言葉」「仏の心」で語り合いがなされれば、その対話は実り豊かな結果を生み出すことになりましょう。

いかなる人であれ、人間は弱き、罪深き存在です。被害者が、被害者の家族がさらに目覚めれば、排除の論理は、まったくなくならないにしても、次第に薄れていくでしょう。このようにして、対話が、決して相手を排除しない、とことんまで語り合うという意思で行なわれるならば、両者の心は必ず通じ合い、そこに癒やしと赦しが姿を現わすことになるのではないでしょうか。その意味で、兵庫県弁護士会が、刑事事件における被害者と加害者との対話を仲介する組織として「被害者加害者対話支援センター」を設立した際に掲げた、刑事司法における「対話」の重要性は、まことに傾聴に値するものがあります。

いささか長文になりますが、同センターのホームページより「対話をするということ」を引用しておきたいと思います。

「対話は、情報をもたらしてくれます。さまざまな情報をもたらしてくれます。被害者は、被害を語れた、という満足感を得たり、再被害のおそれがないことなどを知り、疑問をへらす（なくす）ことになるでしょう。他方、加害者は、被害者の心情を知り、それを踏まえた謝罪をする機会を得ることができ、償う方法についても具体的に考えられるでしょう。

また、対話――〝ひと〟と〝ひと〟として向き合い、直接言葉を交わすこと――を通じ、相手の現在の考え、気持ち、人間性に触れることによって、新たな感情や発想が芽生えます。このような自ら掴み取った新たな感情や発想は、きっと、被害者のこころの痛みを和らげ、生きる力を取り戻すきっかけとなり、また加害者の責任を果たしながら生きていく力を生み出すきっかけとなることでしょう。

そして、対話が約束という形で実を結んだときには、その約束がきちんと履行される可能性を高め、再犯防止にも役立つことでしょう。

あなたも〝対話をするという選択〟をしてみませんか。」

まことに修復的司法が「癒やしの司法」と称される所以も、ここにあるのでしょう。「共生の時代」の司法の道を切り開くものは、まさしくこうした修復的司法であると言っても決して過言ではないのです。

第七章　共生時代に生きる仏教と死刑

慈悲と共生

「二一世紀は共生の時代」と言われています。ところが、いまから遡ること二五〇〇年、すでに釈尊はその尊き一生涯において、一切衆生の「共生」の道を説かれ続けられていたのです。仏の教えは、すでに見てきた「三宝帰依」の経文や「普回向」の経文からも明らかなように、自分だけの救われを願っているのではありません。

「一切衆生」——敵も味方も、加害者も被害者も、私の嫌いな人も私を嫌う人も。はたまた人間だけではありません。一切の動物や植物が含まれます——生きとし生けるものすべてが共に救われますようにと願っているのです。

この「共生」の願いの根本にあるのが、慈悲の思想です。「慈悲」の「慈」（マイトリー）は、サンスクリット語で「友」に由来し、「最高の友情」を意味します。親子、親類、隣人といった狭い範囲に限られる私情は「慈」ではありません。特定の人びとに限定されるのではなく、一切衆生、すべてのものに対して友情を持つのが、仏教で言う真の「慈」ということになるのです。

次に、「悲」（カルナー）の原意は「呻《うめ》き」で、人生の苦しみに呻き声を上げることです。そして、自ら人生の苦に呻き、嘆いたことのある者だけが、苦しみ、悩んでいる者の真実を理解でき、その苦しみに同感し、その苦しみを癒やすことができるのであり、その同苦の思いやりが「悲」と呼ばれるのです。

このように、本来、「慈」と「悲」は別々の語であったのです。やがて両者が結びつけられて一語として用いられるようになり、「慈悲」という言葉は他者の苦しみの原因を取り除いて、安楽を与えるという意味で「抜苦与楽《ばっくよらく》」と解釈されるようになりました。

それでは、慈悲の実践とはどういうことなのでしょうか。繰り返しますが、中村元博士の言葉を借りれば、「自己と他人とが相対立している場合に、自己を否定して他人に合一する方向に働く運動であるということができる。それは差別に即した無差別の実現である。したがって慈悲の倫理は、また自他不二の倫理であるということができる」（中村元『慈悲』平楽寺書店）となります。

単なる「抜苦与楽」では慈悲になりません。同感共苦の立場に立っての「抜苦与楽」であってはじめて慈悲の倫理が成立するというのです。

確かに、死刑囚は殺人という人間にあるまじき残忍無比で、鬼畜のような存在かもしれません。しかし、彼らもまた一切衆生の中の一人であることには変わりはありません。

しかも、死刑囚は自分の犯した罪の結果とはいえ、人間に許されている一切の欲望を、生への希望さえ断ち切られた存在です。同じ世間に在りながら、隔絶された「異なる世に棲める者」に身を落とし、いつ訪れ来るか分からない死刑執行の時まで不安と恐怖、絶望と生への執着におののき生きる人びとです。

そうした死刑囚であればこそ、彼らは何ぴとにもまして仏の慈悲にすがる人びと、いやすがる資格を与えられている人びとであるはずです。『法華経』の「方便品第二」に次のように説かれています。

「我本誓願《われもとせいがん》を立《た》てて　一切《いっさい》の衆《しゅ》をして　我《わ》が如《ごと》く等《ひと》しくして異《ことな》ることなからしめんと欲《ほっ》しき――中略――無智《むち》の者《もの》は錯乱《しゃくらん》し　迷惑《めいわく》して教《おし》えを受《う》けず　我知《われし》んぬ此《こ》の衆生《しゅじょう》は　未《いま》だ曽《かつ》て善本《ぜんぽん》を修《しゅ》せず　堅《かた》く五欲《よく》に著《じゃく》して　癡愛《ちあい》の故《ゆえ》に悩《なやみ》を生《しょう》ず　諸欲《しょよく》の因縁《いんねん》を以《もっ》て　三悪道《なくどう》に墜堕《ついだ》し　六趣《しゅ》の中《なか》に輪廻《りんね》して　備《つぶ》さに諸《もろもろ》の苦毒《くどく》を受《う》く」

庭野日敬師は、この経文を次のように解説されています（『新釈法華三部経2』佼成出版社）。

「わたしは、一切の人間をわたしと同じような仏の悟りに導きたい、みんなをわたしとちがうところのない人間に教え育てたいという誓願を立てました。――中略――しかし、ただ一つの最高の教えをそのまま説くと、無智な人は頭が混乱し、おもいちがいをしたり、とまどったりして、教えをまともに受けとることができません。わたしには、その理由がよくわかるのです。そういう人たちは、過去において善行を行なわず、五官の欲望に執着し、痴《おろ》かな愛欲にとらわれて、そのためにさまざまな悩みをおこしてきたのです。そういうさまざまな欲望への執着から、地獄道・餓鬼道・畜生道に落ち、死に変わり生き変わり六道をグルグル回るばかりで、つねにさまざまな苦しみを受けているのです。」

死刑囚のような、凶悪な犯罪を犯した人びとは、不幸にして仏の教えに出合うことがなかったのです。真実に生きる道を知らなかったばかりに、彼らは己れの煩悩の衝動のままに罪を犯し、六道に堕ちてしまったのです。しかし、仏さまはこのような罪人でも見放すことはいたしません。一切衆生は「吾が子だよ」、と温かく抱き包んでくださっているのです。『法華経』の「譬諭品第三」に次のように説かれています。

「今此《いまこ》の三界《がい》は　皆是《みなこ》れ我《わ》が有《う》なり　其《そ》の中《なか》の衆生《しゅじょう》は　悉《ことごと》く是《こ》れ吾《わ》が子《こ》なり　而《しか》も今此《いまこ》の処《ところ》は諸《もろもろ》の患難《げんなん》多《おお》し　唯我《ただわれ》一人《にん》のみ　能《よ》く救護《くご》を為《な》す」

死刑囚も、仏の尊い「吾が子」の一人です。しかし、被害者なり被害者の立場からは「殺された者、そして殺された者の遺族はどうなるのか」「仏から『救護』されたいのは、私たちのほうだ」と叫ぶ者もいるでしょう。それにもかかわらず、加害者も被害者も、仏からは等しく

「吾が子」なのです。

「一人の生命は、全地球よりも重い」

加害者も被害者も、立場こそ違え、すべて「仏の子」としてその生命は等しく尊厳を持った存在です。『ダンマパダ（法句経）』に次の偈があります。

人間の身を受けることは難しい。死すべき人々に寿命があるのも難しい（以下略）。［第一八二偈］

人間として生まれ出ることは難しいうえに、死すべき宿命を担う人間が生きることも難しいというのでしょう。確かに、私たちは、いま、ここに生きています。しかし、なぜ、私たちは、いま、ここに生まれ出たのでしょうか。

言うまでもなく、父と母のお陰です。その父母とても、現在の世界人口で言えば、六七・五億人（総務省統計局調べ。二〇〇八年現在）の中の出会いで結ばれたのです。

そして、その父と母の幾夜かの交合の中で、私たちは生まれました。一回の射精量に含まれる約二億から三億と言われる精子の中の、たった一個か、または数個が母の一個または複数の卵子と結合して、私たちは生まれたのです。少なくとも私たちは、二億分の一の可能性で生まれたということになります。

釈尊は、人間が生まれ出る可能性について「大海の中で針を見つけるようなもの」（『菩薩処胎経《ぼさつしょたいきょう》』）、「無限と言っていいような時間の中でただ一夜しか花を開かない優曇華《うどんげ》が開華する時に現われるようなもの」（『出曜経《しゅつようきょう》』）と説かれました。

さらにまた、「盲亀浮木《もうきふぼく》の譬え」という教えで、人身を受けることの有り難さが説かれました（『盲亀経』）。一眼の亀が大海に漂い流れている木にうまく出合うことすら難しいのに、その木の穴を見つけ、そこに首を入れるということがいかに難しいことか、およそ不可能とも言うべき難事であるのに、それと同じように、人間として生まれるということはまことに有り難きことで、不思議としか言いようがないという譬えです。

『法華経』の「妙荘厳王本事品第二十七《みょうしょうごんのうほんじほん》」では、人間として生まれ、仏法に遇うことの有り難さとしてこの譬えが説かれています。

これらの教えにはいずれも、人間として生まれ出ることが、いかに希有な出来事であるか、そして人間のいのちがいかに尊いものであるかが教え説かれているのです。

このようにしていのちをいただき、生み出された私たちが、いま、ここに生きているということは、このいのちが過去において一度も断絶することがなかったということを意味します。そうであるとすると、これを遡っていきますと、地球にいのちが誕生した三八億年前まで辿り着くことになります。

私たち一人ひとりのいのちは、三八億年という想像を絶する長い長い歴史を持っているのです。しかも、その一人ひとりのいのちには、三八億年という地球の全歴史が、地球のいのちの全歴史がそのうちに秘められているということでもあるのです。

かつて我が国の最高裁判所は、「生命は尊厳である。一人の生命は、全地球よりも重い」（一九四八年三月一二日、最高裁判決）と説きました。この判決は、人間存在のなんたるかを洞察し抜いた、まさしく至言と言わねばなりません。

しかし、それにもかかわらず、死刑囚は国家権力によって法の名の下にいのちを奪われています。死刑囚のいのちは、「全地球よりも重い」とされるいのちとはまったく異質で、剥奪に値する劣悪ないのちとでも言うのでしょうか。一切衆生はすべて「仏の子」であってみれば、あらゆるいのちはすべて平等であるはずです。

最高裁は「一人の生命は、全地球よりも重い」と説示しました。この説示の倫理を貫くとすれば、死刑囚のいのちを奪うということは、国家権力自らが国民のいのちを差別化することであり、憲法が保障する国民の「個人の尊厳」（憲法第一三条）を否定することになりましょう。

仏性の自覚と人間性の回復

仏教の不殺生の思想は、人間相互の間でも他の動植物などの生物に対してもいのちを尊重し、愛護することを教えています。自分の幸福や利得のために人間のいのちはもちろん、他の生物のいのちを奪うことは、他の不幸を考えない、自己中心の考えであり、根元的煩悩である貪・瞋・痴の三毒に心が奪われているからだというのでしょう。

すでに繰り返し述べてきたように、大乗仏教は、何ぴとも、たとえいかなる極悪人であっても、仏となり得る可能性、つまり仏性を持っていると説いています。「一切衆生悉有仏性《いっさいしゅじょうしつうぶっしょう》」とか、「草木国土悉皆成仏《そうもくこくどしっかいじょうぶつ》」が、まさしくその仏教的表現です。

いかなる人であっても、仏たる本質、真の普遍的人間性を心の裡に深く秘めているのです。問題は、自分の中に潜在する仏性に気づいているかどうか、感謝の心でこれを自覚しているかどうかにあるのです。

『法華経』で説かれている「法華七諭《しちゆ》」の一つに「衣裏繋珠《えりけいじゅ》の譬え」という教えがあります

（「五百弟子受記品《でしじゅきほん》第八」）。

ある貧乏な人が親友の家を訪れ、ご馳走になって、酒に酔い、いつしか眠り込んでしまいました。ところが、その親友は、急に公用ができて出かけなければならなくなりました。しかし、その人は熟睡し、なかなか目を覚ましてくれません。親友は、起こすのも気の毒と思い、生活の糧にでもと、貧しい友の着物の裏にこのうえもなく高価な宝石（無価の宝珠）を縫いつけて出かけることにしました。

酔って眠り込んでいたその人は、もちろん、そのことを知るはずもありません。やがて目を覚まし、親友がいなくなっていることに気づき、その家を立ち去ります。そして、相も変わらず貧乏暮らしで、放浪の生活を重ねておりました。

その後、ずいぶん経って、その人は、たまたまかつて世話になった親友と出会いました。親友はこの人の貧しい、哀れな姿を見て驚きます。「なんと愚かなことだ。私は、君が安楽に、思いのままの生活ができるようにと考えて、君が私の家にたずねてくれたあの日、高価な宝石を君の着物の裏に縫いつけておいたんだよ。ほら、見てごらん。ここにちゃんとあるではないか。それなのに、君はそれに気づかず、悩み、苦しみの苦労を重ね、あくせく働いてきた。まったく愚かなことだ。さあ、この宝石を売って、必要なものを買いなさい。貧乏とか、不足なことは、もうすっかりなくなってしまうよ」と言い聞かせたのでした。

これが「衣裏繋珠の譬え」と呼ばれているものです。この譬えでの貧乏な人とは、私たち衆生のことです。親友というのは、釈尊です。高価な宝石とは、本来、何ぴとにも備わっている仏性を意味しています。

仏さまからいただいている仏性こそ「無価の宝珠」であり、これを自覚することが救われに至る最大の近道であるのに、それが分からない。私たちは、貪・瞋・痴という煩悩の三毒で心が酔いしれているために、その近道に気づかず、遠回りの道を進んでいるというわけです。『法華経』は、これを「勤苦《ごんく》・憂悩《うのう》して以《もっ》て自活《じかつ》を求むること、甚《はなは》だこれ癡《ち》なり」と説いています（「五百弟子受記品第八」）。まことに私たちは、「顚倒の衆生」と言わねばなりません。

とりわけ、「死刑囚」と呼ばれる人びとは、身心共に貪・瞋・痴の三毒に冒された重症患者であるかもしれません。彼らは、自分の仏性を知らず、自分の仏性の尊さを知る機会に恵まれなかった人びとです。確かに、彼らは凶悪な罪を犯した有罪者でありましょう。しかし、彼らは決して邪悪な人びとではないのです。

話の舞台を犯罪の多い訴訟病社会、アメリカ合衆国のロサンゼルスに移してみましょう。『リンカーン弁護士』の著者マイクル・コナリーは、主人公で、他人からは「悪魔」と呼ばれ、ある意味では被告人を喰い物にしている辣腕弁護士マイクル・ハラーに、次のように語らせています（マイクル・コナリー著、古沢嘉通訳『リンカーン弁護士』講談社文庫）。「法律は、人間や彼らの人生や金を吸い上げる錆の浮いた巨大な機械なのだ……。わたしは、たんなる機械工にすぎない」と。

マイクル・ハラーは、こうした実利的な物の考え方をする弁護士です。この主人公に、彼の法律業務一五年の経験から修得し得た被告人像というものを、次のように述懐させています。

「つまり、おれが弁護するたいていの人間は、邪悪ではないんだ、マグズ。なるほど、彼らは有罪だが、邪悪ではない。なにを言っているかわかるかい？　ちがいがあるんだ。彼らの話に耳を傾け、彼らの歌を聴くと、彼らがなぜそんな選択をしたのかわかる。人はただどうにかしのいでいこうとする、与えられたもので暮らしていこうとする。なかには最初からなにひとつ与えられていない人もいる。だが、邪悪な存在はまったく異なるものなんだ。ちがっている。それはまるで……どう言ったらいいのかわからん。そこにあり、姿を現したとき……わからない。説明できないんだ。」

ハラー弁護士が仏教徒であれば、「それはまるで……どういったらいいのかわからん。……説明できないのだ」と言うようなことはなかったでしょう。仏教徒ならば、こう言ったのではないでしょうか。

「どんな有罪者でも邪悪な人間はいない。それは、彼にも仏性というものが、真の普遍的人間性というものがあるからだよ。ただその仏性が厚い汚濁な垢で幾重にも幾重にも覆い包まれているだけのことなんだ。彼が罪を犯したのは、自分の仏性を自覚できず、心の垢に気づかないばかりか、その垢を洗い清めようとしなかったからだよ。」

すでに述べた大岡《おおおか》裁きの「熊吉の親殺し」で、大岡越前守《えちぜんのかみ》は熊吉を直ちに処刑することはしませんでした。越前守は、熊吉が親殺しという大罪を懺悔して、真の人間性を取り戻し、「人間」として回復していく、仏教的に言えば、自分の仏性に気づかせることこそが真の「裁き」と考えていたのでしょう。

いかなる人間であれ、生来、仏性を備えています。仏性を備えているからこそ、人間は生まれ変わることができるのです。人間が犯罪の道を選んだのは、仏性を開顕してくれる人との出会いに恵まれなかったからです。それゆえに、そうした人びととの出会いさえあれば、彼は必ず「人間」として回復していくのです。

不共業と共業の中で

殺人という凶悪な犯罪者が懺悔を通して自分の仏性に目覚め、真の人間性を回復し、罪を贖う道を歩む――菊池寛の『恩讐の彼方に』の主人公、了海のような道を歩む人は、現実の世界でも決して少なくありません。

それはそれとして認めつつも、実際にいのちを奪われた被害者、そしてその遺族の精神的・経済的、その他諸々の生活上の苦しみ、悲しみ、怨み、怒り、そうした悲嘆や怨怒から湧き上がる抑え難い報復感情は、どのようにしてこれを癒やすことができるのでしょうか。

しかも、その被害者がなんの非も、なんの罪もない善き一市民であるとしましょう。自分の仏性開顕の機会も与えられず、いのちを奪われたのです。この人のいのちの救われはもとより、魂の救われはどうなるのでしょうか。

二〇〇〇年一月二三日、「全国犯罪被害者の会」(「あすの会」)の設立総会が開かれました。その際、総会会場に入り切れない被害者が、続々と立ち上がって、被害の実情を訴えた話は悲惨としか言いようがなく、地獄絵図を見るようであったとのことです。

加害者のいのちだけが尊いのではありません。被害者のいのちもまた尊いのです。加害者の仏性のみが尊いのではありません。被害者の仏性もまた尊いのです。

釈尊は、『ダンマパダ（法句経）』で次のように説いておられます。

すべての者は暴力におびえ、すべての者は死をおそれる。己《おの》が身をひきくらべて、殺してはならぬ。殺さしめてはならぬ。［第一二九偈］

すべての者は暴力におびえる。すべての（生きもの）にとって生命は愛《いと》しい。己《おの》が身にひきくらべて、殺してはならぬ。殺さしめてはならぬ。［第一三〇偈］

生きとし生ける者は幸せをもとめている。もしも暴力によって生きものを害するならば、その人は自分の幸せをもとめていても、死後には幸せが得られない。［第一三一偈］

被害者は、確かに、加害者の暴力によって殺害されました。しかし、その加害者とても、この世に呱々《ここ》の声を上げて誕生した時は、暴力者でも犯罪者でもありませんでした。もちろん、殺人者であるはずもありません。

加害者も、この世に生まれ出て以来、家庭、学校、地域、社会で、そのさまざまな局面において暴力の被害者となることがあったのではないでしょうか。いや、加害者も被害者も、およそいかなる人であれ、暴力を受けたことがないと言い切れる人はいるでしょうか。

暴力にも、さまざまな暴力があります。肉体的な物理的暴力だけが暴力ではありません。精神的暴力もあります。言葉による暴力もあります。妄語《もうご》・綺語《きご》・悪口《あっく》・両舌《りょうぜつ》・誹謗《ひほう》、その他邪見《じゃけん》によるさまざまな言葉による暴力もあります。態度による暴力もあります。不信・疑惑・無視といった暴力といったものもあります。

私たちは、家庭で、学校で、社会で、そのさまざまな局面で、どれだけ有形無形の暴力で、どれだけ多くの人びとを傷つけ、そしてまたどれほど多くの人びとから傷つけられていることでしょうか。こうしたことは、それぞれ自分の体験からよく知っているはずです。

家庭の愛情に恵まれない犯罪者の場合、なおさらのことでしょう。自分の仏性に気づく機会に恵まれなかった自分という存在、そして犯罪者の生い立ち、さらには家庭環境や社会環境や時代環境、そうした状況で人びととの一つ一つの出会いのどこかに、犯罪という癌細胞が作り出され、増殖していったのです。

「重々無尽《じゅうじゅうむじん》の因縁」という言葉があります。この「重々無尽の因縁」という言葉の「重々無尽」という用語は、『華厳経』に出てくる言葉です。

鏡を十個作り、それを円形に並べ、その中央に一本の蝋燭《ろうそく》を置きます。すると、その蝋燭の火が鏡に映ります。それが、同時に次から次へ他の鏡に映り、その映った燭光が、また他の鏡に無限かつ複雑に幾重にも映り合っていく。一切の存在は相互に関係し合って、相即《そうそく》融合しているということの教えです。

「重々無尽帝網《たいもう》（因陀羅網《いんだらもう》）」という教えもあります。「帝網」の「帝」とは「帝釈天《たいしやくてん》」、古代インドの最高の神格の一つで、インドラのことです。この教えの譬諭は、インドラ神の宮殿を覆っている網は、縦横無尽の糸で織られ、その結び目にはすべて珠玉がちりばめられていて、その一つを動かすと、他の珠のことごとくが揺れ動くということです。

私たちは、そうした重々無尽の因縁の交差するところに存在しているのです。人間ばかりではありません。一切の存在がそうです。犯罪という事実も、そうした重々無尽の因縁の中で生起しているのです。

犯罪は、確かに、犯罪者が個人で、あるいは数人で行なった行為です。それゆえに、犯罪者が自分の犯した犯罪行為の第一義的責任を負わねばならないのは当然です。仏教では、このように単にその人一個人が過去において行なった行為＝業を「不共業《ふぐうごう》」と称しています。

しかし、他方、犯罪者を生み出したのは社会です。社会を構成する私たち衆生です。私たちは、こんな犯罪者とは無関係と、見て見ぬ振りを決め込んで、拱手傍観《はしゆぼうかん》するわけにはいかないのです。

犯罪者は、生来、犯罪者であったわけではありません。犯罪者個人と、そして社会を構成する私たち衆生の織りなす無数の網という重々無尽の因縁の中で、犯罪者は作り出されたのです。その意味で、犯罪は犯罪者個人と社会＝私たち衆生との共同産物ということになります。

したがって、私たち衆生も犯罪者を生み出した社会の一員としてその犯罪について共同責任を負わねばなりません。仏教では、万人が共通して作る善悪の業ということから、これを「共業」と称しています。

俗的な表現を使えば、不共業が個人的業であるのに対し、共業は「社会的業」ということになります。犯罪は、犯罪者の不共業と社会の共業とが交差する集約点に生起した悪因悪果《あくいんあっか》ということになりましょう。

犯罪被害者の救われと癒やし

ところで、従来、我が国の刑事裁判では事件の当事者で、最大の利害関係者である被害者の意見が反映されるような仕組みになっていませんでした。被害者は証人として裁判所に喚問され、被害事実を述べることがあっても、ただそれだけにとどまり、被害者の参加人として裁判手続に参加し、法廷の柵（バー）の中に入って、検察官の近くに座るようなことはありませんでした。

しかし、一九八〇年の『犯罪被害者等給付金の支給等による犯罪被害者等の支援に関する法律』、二〇〇〇年の『犯罪被害者保護関連立法』、二〇〇四年の『犯罪被害者等基本法』、二〇〇七年の犯罪被害者等の権利利益の保護を図るための刑事訴訟法等の一部改正で、犯罪被害者の保護・支援のための法整備が着実に行なわれてきました。まさにこれらの法整備は、「共生社会」の実現にふさわしい司法の貢献と言えるでしょう。

この一連の法整備の中でも、『犯罪被害者等基本法』の制定は非常に重要な意義を持っています。まず、「基本法」の前文を見ておきましょう。

「安全で安心して暮らせる社会を実現することは、国民すべての願いであるとともに、国の重要な責務であり、我が国においては、犯罪等を抑止するためのたゆみない努力が重ねられてきた。

しかしながら、近年、様々な犯罪等が後を絶たず、それらに巻き込まれた犯罪被害者等の多くは、これまでその権利が尊重されてきたとは言い難いばかりか、十分な支援を受けられず、社会において孤立することを余儀なくされてきた。さらに、犯罪等による直接的な被害にとどまらず、その後も副次的な被害に苦しめられることも少なくなかった。

もとより、犯罪等による被害について第一義的責任を負うのは、加害者である。しかしながら、犯罪等を抑止し、安全で安心して暮らせる社会の実現を図る責務を有する我々もまた、犯罪被害者等の声に耳を傾けなければならない。国民の誰もが犯罪被害者等となる可能性が高まっている今こそ、犯罪被害者等の視点に立った施策を講じ、その権利利益の保護が図られる社会の実現に向けた新たな一歩を踏み出さなければならない。」

そして、基本理念として「すべて犯罪被害者等は、個人の尊厳が重んぜられ、その尊厳にふさわしい処遇を保障される権利を有する。」（第三条第一項）、「犯罪被害者等のための施策は、犯罪被害者等が、被害を受けたときから再び平穏な生活を営むことができるようになるまでの間、必要な支援等を途切れることなく受けることができるよう、講ぜられるものとする。」（第三条第三項）と規定されています。

この基本理念を受けて、政府に「犯罪被害者等基本計画」の策定が義務づけられました。（第八条第一項）。そして、内閣府に「犯罪被害者等施策推進会議」、それから「犯罪被害者等基本計画検討会」が設置され、被害者支援のためのさまざまな法整備の施策が進められているのです。

このように、法制度上、犯罪被害者の保護や支援についての法整備が行なわれ、それがすでに実施されていますが、それで被害者の救済が満足のいくものであるかと言えば、決してそうではないでしょう。

例えば、犯罪被害者が刑事裁判に「被害者参加人」として参加する裁判を見てみましょう。ここでは、被害者には従来の刑事裁判とは異なり、これとは比較にならないほど「主役」的役割を与えられています。この限りでは、この制度は被害者支援に役立っていると言えるでしょう。

しかし、実際は、被害者が自分の期待し、望むような謝罪や反省を被告人からいかに引き出すかが中心的な問題となっているというのです。いくら被告人が反省と謝罪の言葉を述べても、被害者側が真実の反省、心からの懺悔と受け取らなければ、「情状酌量《じょうじょうしゃくりょう》」の対象にはならないのです。

被告人の立場に立ってみてください。おどおどしている、声が小さい、歯切れが悪い、ぶっきらぼうだ、ふてくされている、居直っている――ときとしてこれが被告人の姿でしょう。法廷という堅苦しい場で、しかも糾弾的雰囲気の中で、極めて限られた時間の間で互いに心を通い合わすような質問と応答、そのような対話を期待するほうが無理と言うべきではないでしょうか。

加害者から自分が望んでいる形の謝罪が得られない、そのうえ最も重い刑を期待していたにもかかわらず、判決でははるかに軽い量刑の言渡しになった——そのようなとき、被害者側の心の癒やしは、一体、どうなるのでしょうか。

法改正によって導入された被害者参加裁判といっても、通常の刑事裁判です。ここに、通常の刑事司法と修復的司法との大きな違いがあるのです。

それでは、犯罪被害者の心の癒やしは、どこで、どのように得られるのでしょうか。『犯罪被害者等基本法』は「民間の団体に対する援助」として次のように定めています。

「国及び地方公共団体は、犯罪被害者等に対して行われる各般の支援において犯罪被害者等の援助を行う民間の団体が果たす役割の重要性にかんがみ、その活動の促進を図るため、財政上及び税制上の措置、情報の提供等必要な施策を講ずるものとする。」（第二二条）

今日、自殺問題は我が国の大きな社会問題、いや、国家的問題となっています。国も、二〇〇六年六月、「自殺対策基本法」を制定し、この法律に基づき「自殺総合対策大綱」を策定し、自殺問題の解決に取り組んでいます。宗教者も、これまで自殺を企てた者に対して、個人的に、あるいは組織的に、あるいはＮＰＯ法人などの民間組織と連携して、自殺対策の支援活動をしてきました。

これと同じように、犯罪を引き起こした死刑囚に対してだけでなく、その犯罪の犠牲となった犯罪被害者の癒やしも、宗教者に課せられた大きな社会的使命であるはずです。相談窓口の設置の量的拡大と質的整備の充実、相談窓口の連携を通じての支援対策とその制度的枠組みの確保、地域社会での支援体制の推進など、宗教者でしかできない仕事はそれこそ山積みしているのです。

犯罪被害者、そしてその遺族の心の癒やしは、犯罪者に対する教誨師の努力に見られるように、宗教者に最も期待されているものと言えるのではないでしょうか。宗教者には、それに応える責務があるのです。

死刑囚の仏性開顕の道を奪うもの

二〇〇九年の夏は、来る日も来る日も、空は厚い雲で覆われていました。太陽は、厚い雲の層の中に隠没し、陽光はかたくなに閉ざされておりました。

今日も曇天かと、心は憂えたかもしれません。しかし、案ずることはありませんでした。一陣の風さえ吹けば、雲は彼方へと流れ去り、陽光は燦々《さんさん》と遍く輝きわたったのではありませんか。

私たちの心なる太陽、それが仏性です。いま、その仏性が暗雲の罪障で覆い包まれています。その雲さえ払い除けば、仏性は開顕《かいけん》するのです。雲を払い除く一陣の風——それが懺悔なのです。

懺悔について、原始経典の一つである『サンユッタニカーヤ』には次のような物語が伝えられています(中村元選集第17巻・決定版『原始仏教の生活倫理』春秋社)。ある神が、釈尊の許で次の詩を唱えたというのです。

「罪過を告白する人々の〔懺悔〕を受けいれない人は、内に怒りをいだき、憎悪で重く、怨恨をまとう、と。

もしもひとに罪過が存在しないならば、この世で過失(apagata 道からはずれること)が存在しないならば、そうして怨恨を静めないならば、何によってこの世に善き人がありうるであろうか、と。

だれに罪過がないであろうか。だれに過失(道からはずれること)がないであろうか。だれが迷妄《めいもう》に陥らなかったであろうか。だれが思慮深き者としてつねに気をつけているであろうか」と。

〔尊師いわく、——〕

「一切の生きとし生ける者をあわれむ修行完成者・ブッダに、罪過は存在しない。かれに過失（道からはずれること）は存在しない。かれは迷妄に陥ることがなかった。かれは、思慮深き者として、つねに気をつけている。

罪過を告白して〔懺悔するのを〕受けいれない人は、内に怒りをいだき、憎悪で重く、怨恨をまとう。その怨恨を、わたくしは喜ばない。そなたの罪過〔の告白〕を、わたくしは受けいれる。」

「だれに罪過がないであろうか。だれに過失がないであろうか。だれが迷妄に陥らなかったであろうか」――はたして世の人の中で、罪過ちを犯さなかった人、過失を犯さなかった人、迷妄に陥らなかった人はいるのでしょうか。

そもそも人間とは、罪過ちの大小や軽重があっても、過ちを犯すもの、罪を犯すものとして存在しているのではないでしょうか。その罪過ちを犯すものであるが故に、その罪過ちを通して、その罪過ちのお陰ではじめて己れの仏性に気づき、真の人間性を回復していくのではないでしょうか。

過ちを悔やみ、罪を悔いる――それは、とりもなおさず懺悔ということでしょう。加害者は、懺悔を通してはじめて罪を償う心を回復し、罪を償う行為を通してはじめて真の人間性を回復していくのです。

死刑とは、その国家法上の大義名分が何であれ、加害者に人間性を回復する機会を一切、奪ってしまうということです。加害者を、あの犯罪実行の時の「修羅」「悪鬼」のままにそのいのちを奪うことは、「共生」の世界を社会自らが否定するものと言わねばなりません。「共生」を運命づけられている社会自らが、自己に課せられた「共生」の世界を作り上げていく責任と責務を放棄することになるのではないでしょうか。

受刑者の処遇については、「刑事収容施設法」に「その者の資質及び環境に応じて、その自覚に訴え、改善更生の意欲の喚起及び社会生活に適応する能力の育成を図ることを旨として行なうものとする。」と定めています（第三〇条）。ところが、死刑囚については、「死刑確定者の処遇に当たっては、その者が心情の安定を得られるように留意するものとする。」としか定められていません（第三二条一項）。

死刑囚とは、人間として改善更生を、つまり人間性の回復を期待されない、より正しく言えば期待することを必要としない犯罪者ということになります。死刑囚が人間として更生を拒絶されたとき、仏教的に言えば仏性を否定されたとき、彼は、彼女は、かつての凶悪犯罪時の「修羅」のままに、「悪鬼」のままに死ぬことを強要されているのではないでしょうか。

もっとも、他方において、死刑囚には、「死刑確定者に対しては、必要に応じ、民間の篤志家の協力を求め、その心情の安定に資すると認められる助言、講話その他の措置を執るものとする。」（第三二条二項）と定められています。それは、あくまでも「死刑囚の心情の安定に資する」ことに眼目が置かれているのです。

女性をめぐるトラブルから二人を殺すなどして死刑が確定した尾方英紀死刑囚は、二〇〇八年、東京拘置所から「フォーラム90」のアンケートに対して次のように答えたと、新聞は伝えています（毎日新聞「正義のかたち〈6〉」二〇〇九年七月四日）。

「死を受け入れるかわりに反省の心をすて、被害者・遺族や自分の家族の事を考えるのをやめました」

「俺にとって反省する必要ないから死ぬということです。人は将来があるからこそ、自分の行いを反省し、くり返さないようにするのではないですか」

この死刑囚の言葉を聞きますと、あらためて「懺悔とは何か」を問うてみたくなるのは、私一人でしょうか。島秋人は、「たまわりし処刑日までのいのちなり　心素直に生きねばならぬ」と詠みました。「『死刑を賜った』と思って刑に服したいと思っています。罪は罪。生きたい思いとは又別な事だと思わなければならない」と、手紙に書き記しました。

しかし、この死刑囚、緒方英紀の言葉からは、なぜか罪の深さの自覚と贖罪の心が伝わってこないのです。

それにもかかわらず、この死刑囚の言い分にも、「三分の理」があるように思えるのです。死刑とは、人間の更生を許さない刑罰です。この死刑囚とても、後に述べる教誨師などの導きによって善き縁に恵まれれば、必ずや島秋人のように仏性を開顕することがあるはずなのです。人間を殺したから、これを死刑に処する――それは応報という復讐以外の何物でもありません。人間の更生を断固として拒絶するという点では、これほど非人間的で、人間の共生を拒絶するという点では、これほど非社会的な刑罰はありません。

死刑は、人間の霊妙にして不可思議な可能性を否定するものです。仏教的に言えば、仏性を開顕した死刑囚が、他者を生かし、社会を生かす、いかに偉大な仕事をしたか、すでに私たちは見てきたところであります。

懺悔こそ赦しと癒やしの道

人間は、何ぴとであれ、罪過ちを犯すものである。それであるからこそ、人びとは互いに赦し合わねばならないのです。『ダンマパダ（法句経）』に次の偈があります。

以前には悪い行ないをした人でも、のちに善によってつぐなうならば、その人はこの世の中を照らす。――雲を離れた月のように。〔第一七三偈〕

極悪の罪人であれ、その罪過ちを懺悔、悔い改め、罪を償う菩薩行を積み重ねることによって真の人間性を回復し、「雲を離れた月のように」「世の中を照らす」人となれる――なんと心暖まる、慈悲に満ち溢れ、生きる希望を与える仏の言葉ではありませんか。それだけに、死刑囚には生への道が開かれていなければならないのです。

罪人の懺悔を受け入れ、それを赦す――真の人間性を回復し、「人間」に立ち帰れば、罪によって傷つけられた人びとの苦しみ、悲しみを背負うことができるようになれば、報復ではなく、赦しの道が、赦しと癒やしの道が、開かれていくのです。

釈尊は、次のように説いておられます（中村元監修・補注、松村恒・松田慎也訳『ジャータカ全集4』春秋社）。

〔おのが〕過失を認むる者と

その告白を〔許すことを〕知る者には、
和合はいっそう強まり、
その絆は朽ちることなし。(四七)
他人《ひと》の犯せし罪科《つみとが》をば
わが身に結びつけんとする者こそ、
より気高く、
重荷を運び、責を果たす者なれ。(四八)

加害者が「人間」として回復していくその道に、実は被害者にとっても回復と癒やしの道がつながっているのです。どんなに辛く、悲しく、苦しくとも、加害者を赦すことによって被害者の癒やしの種が萌芽し始めるのです。

北アイルランド紛争で三年間テロリストとしての活動経験を持ち、現在、兵庫県内で宣教活動をしているヒュー・ブラウン牧師(西播磨キリスト教会)が、二〇〇六年九月一七日、県内の宗教者の集い「叡智の会」で行なった講演は、実に感動的で、聴衆の魂に大きな衝撃を与えるものでした。ブラウン牧師は、自分の体験を通して、「赦し」こそが「憎しみ」を超えて

「癒やしと平和」を作る道であると説かれたのです。

いささか長文になりますが、後日、新聞に掲載された講演内容の記事をそのまま紹介することにします（佼成新聞二〇〇六年一〇月八日）。

「テロ組織に加わっていた一六歳の時、私と家族は敵対するテロリストから拷問を受けました。相手を許せない、機会があれば絶対に殺したいという気持ちで、許すことなど考えもしませんでした。

刑務所に服役中、生まれて初めて神の存在を確信する体験をしました。言葉で表現できない深い平安と喜びが湧き上がり、憎しみ、殺意、怨みといった醜い感情が自分の中にいかに宿っているかということに気づいたのです。憎しみを超えて平和に過ごす唯一の道は相手を許すことだと強く感じました。

許すことは人間にとって一番難しいかもしれません。事件や事故の被害に遭った人は、『被害者がなぜ加害者を許さなければいけないのか』と言われるでしょう。しかし、相手を許すことは、まず自分自身のためにも必要なのです。

誤解しないでいただきたいと思います。犯罪者はもちろん法律に従ってその罪を償うべきです。私がお伝えしたいのは、個人的な感情で相手を裁かない、仕返しをしないということです。

許す大切さが分かれば、この世に許せないことはなにひとつありません。実際、北アイルランド紛争で自分の子供を目の前で殺されながら、その相手を許している人がたくさんいるのです。

人のいのちは必ずほかの誰かにとってかけがえのないものであり、神から与えられた尊い存在です。報復、殺し合いが三五年間続いた北アイルランド紛争で、人々はそのことに気づきました。そして、紛争が終結したのも、人々が平和を作るために、勇気を持ってお互いに許し合えたからだと信じています。」

すでに述べましたように、仏教の戒律での贖罪は、懺悔に始まり、懺悔に終わります。罪過ちを認めて懺悔する者と、その罪過ちを赦し、懺悔を知る者との語り合い、対話がなによりも大切なのです。その対話が結実すれば、関係者の和合とその和合の絆はますます強いものとなっていくことでしょう。

「仏種は縁に従って起こる」

何ぴとにも仏となる可能性、仏性が備わっています。その仏性が開顕するかどうか、それはひとえにどのような人との縁に触れるかにかかわっているのです。私たちは、どのような人と縁が結ばれるかによって仏にもなれば、鬼にもなるのです。アングリマーラはもとより、坂口弘、二宮邦彦、島秋人といった死刑囚はすべてその典型的人物と言えるでしょう。

『法華経』の「方便品第二」に、次のような一節があります。

「諸仏《しょぶつ》の本誓願《ほんせいがん》は　我《わ》が所行《しょぎょう》の仏道《ぶつどう》を　普《あまね》く衆生《しゅじょう》をして　亦《また》同《おな》じく此《こ》の道《どう》を得《え》せしめんと欲《ほっ》す

―中略―仏種《ぶつしゅ》は縁《えん》に従《よ》って起《おこ》ると知《しろ》しめす　是《こ》の故《ゆえ》に一乗《いちじょう》を説《と》きたまわん」

庭野日敬師は、この経文の一節を次のように解説されています。

「わたしをはじめとして、およそ仏という仏の根本のねがいは、わたしがたどってきた仏への道を、ひろくすべての人びとに、わたしと同じように達成させることであります。―中略―もろもろの仏は、―中略―生きとし生けるものはすべて仏性をもっているのであるから、仏になるということも縁起によるものであることを、明らかにしっておられるのです。それをしっておられればこそ、すべての人を仏の悟りへ導くというただ一つの目的のために教えを説かれるのです。」（『新釈法華三部経2』佼成出版社）

「仏種」とは、すなわち「仏性」ということ、仏になれる可能性ということです。どんな人でも、極悪な犯罪者であっても「仏性」を備えているわけですから、「仏」となれる可能性を秘めています。

その「仏」となる可能性の芽が開くのは、なにか特別の偉大な存在の力によるのではありません。それはひとえに、縁起の力によるのです。つまり、因と縁、原因と、その原因にふさわしい条件が結ばれたからだというのです。

種があっても、種だけでは花は咲きません。種が発芽し、開花するには、それにふさわしい土や水や陽光という条件が、つまり縁というものが必要だということです。

したがって、私たちは仏性を持ち備えているのですから、その仏性が開花するように互いに善き縁になるよう努力すればよいということになります。しかし、私たちは現実の社会生活の営みの中で、どこまで互いに「善き縁」となれるよう努めているのでしょうか。悪しき縁になれても、善き縁になることは、実に難しいことです。

私たちは、すでに述べましたように、「重々無尽の因縁」の交差するところで日々の生活を営んでいます。その営みの中で互いに、ときには「善き縁」に触れ、あるいは「善き縁」となり、ときには「悪しき縁」に触れ、あるいは「悪しき縁」となり、喜怒哀楽の海を漂っているのです。

それでは、「悪しき縁」により罪を犯し、犯罪者となった者が自分の仏性に目覚めるのは、いつなのでしょうか。もちろん、それは犯罪者によってさまざまに異なることでしょう。

島秋人の場合は、中学時代の恩師の手紙と恩師夫人が添えてくれた三首の和歌でした。二宮邦彦の場合は、教誨師として拘置所に訪れた牧師との出会いでした。そして、坂口弘の場合は、月刊誌のグラビア写真に載った西行法師の和歌との出合いでした。

（1）いま、少年院で

現在、少年院は全国で五一ヵ所にあります。収容されている少年たちは、少年刑務所の場合と異なり、刑務作業は課されることはありません。ここでは、日中は小学校、中学校、高等学校の授業に準じた教科教育や矯正教育、就職に向けた職業教育や進路指導、その他さまざまな生活訓練などがあり、夜は集会や自主学習の時間に充てられています。

少年院での少年たちも、その生い立ちや環境によってそれこそ人さまざまです。もちろん、従順で素直な少年もいるでしょうが、凶暴で反抗的な少年もいることも事実です。

こうした反抗的な少年が院内の秩序を乱したとき、法務教官が少年に暴力を加え、その事実を隠蔽し、あるいは黙認するなど、職場ぐるみの暴行事件が新聞などで報道されています。しかし、すべての少年院が、すべての法務教官が、暴力少年院でも、暴力教官でもあるわけではありません。

これは多摩少年院（東京都八王子市）に入院していたある少年の回顧談です（毎日新聞「正義のかたち〈4〉」二〇〇九年七月二日）。彼は、これまで「暴力が自分を表現する方法だった」という人生を生きてきました。入院後も、少年は他の少年と衝突を繰り返していました。

ある日のことです。寮内の一室から聞こえてきた教官の言葉が、彼の心に突き刺さりました。

「あいつは絶対変われる」。

それは、これまで何度も何度も反発しても、根気よく一対一で話を聞いてくれていた教官の声でした。同僚の教官と議論しながら、一所懸命に少年をかばってくれていたのです。

それからというもの、少年の態度は一変します。危険物取扱者など九つの資格・免許を取得しました。高校卒業認定試験を受けて、大学に進学し、留学する目標もできました。そして、その前に、「被害者に謝り、けじめをつけたいと思っている」と、この少年は語っています。

この新聞記事は、ある少年院長経験者の言葉で結ばれています。「家庭環境に恵まれず、愛情に触れずに育って非行に走る少年が多い。地域に溶け込めるように、手厚い保護観察の中で、周囲が支えることが大切なんです」。

この少年は、慈悲深い教官との善き縁によって仏性を開顕し、更生の道を歩むことができました。この事例は、少年院では学校教育に準じた矯正教育が、自分の非行の重大性や被害者とその家族への贖罪、そしてなによりもいのちの尊さ・思いやり・責任などの涵養を目的とする人間情操教育が行なわれていることと決して無関係ではないでしょう。

(2) いま、少年刑務所で

他方、刑罰を科す少年刑務所の場合は、いささか事情が異なるようです。少年刑務所は、全国に七カ所あります。刑事裁判で懲役または禁固の言渡しを受けた者のうち、裁判時二〇歳未満の者、その者が二〇歳に達した後でも二六歳に達するまでの者が収容されています。現実には、成人受刑者が大多数をしめているとのことです。

少年院は、矯正教育を主とする施設です。これに対し、少年刑務所は、懲役または禁錮の刑を言い渡された者に対し、その刑を執行する施設です。

刑事収容施設法令の定めに従い、受刑者の収容と処遇は厳格に行なわれています。そして、受刑者は、その改善更生と社会復帰を目的として、刑務作業を中心とした矯正処遇を受けることになっています。そのため、少年刑務所では、少年院と比較して、逃走の防止や平穏な集団生活の確保等のための規律保持が重視され、施設の開放性も少ないものとなっています。

少年刑務所の刑務官の一人は、「入って来ることに、罪悪感のない人間もいる」と漏らし、矯正指導の難しさを打ち明けています（毎日新聞「正義のかたち〈4〉」二〇〇九年七月二日）。彼らは、確かに、罪悪感がないかもしれません。しかし、それは外面のことでしかないのではないでしょうか。

彼らは、社会の汚泥の中に埋没して生活をしてきたのです。そうした荒れた生活の中で、彼らの仏性は幾重にも幾重にも欲望や妄念に、仏教で言う煩悩という塵や垢に覆われてしまっていたのです。彼らは、その塵垢に包まれてしまっている自分に気づかないだけのことなのです。『法華経』の「衣裏繋珠の譬え」にあるような、彼らには仏性という無価の宝珠に気づかせてくれる仏という「親友」に出会っていないのです。先ほどの多摩少年院の教官のような菩薩に出会える機会に恵まれていなかったということではないでしょうか。

（3）いま、生活保護施設と国営「自立更生促進センター」で

二〇〇七年の『犯罪白書』によると、出所後に就職できた受刑者の再犯率は八％、就職できずにいる無職者は四〇％にのぼり、就職と再犯との相関関係が確定されています。一般に、再犯の三要素として①住まいがない、②職がない、③金がない、ということが言われています。

こうした事態に対処するために、刑務所を出所したものの、引受人のいない出所者などを一

時的に保護する民間の施設として「更生保護施設」があります。これらの施設は、法務大臣の認可を受けた法人によって、民間からの寄付に頼って運営されています。現在、施設数は全国で一〇二カ所あります。

こうした更生保護施設は、就職による自立を前提に、出所後、原則六カ月まで、就職先が確定するまで宿泊場所や食事を提供し、更生指導や就労援助などの社会復帰支援を行なっています。しかし、こうした一部の篤志家や篤志団体の努力にもかかわらず、施設の環境整備は量的にも質的にも非常に劣悪です。

これらの更生保護施設の利用者は年間一万人、年々増加傾向にあります。しかし、民間の更生保護施設はすでに満杯、収容能力は限界に達しているのが実情です。

そこで、法務省は、従来の「民間依存からの転換」に施策を変更し、更生保護改革の試金石として、国営の「自立更生促進センター」を全国に設置する方針を打ち出しました。二〇〇九年六月二九日、北九州市で、全国ではじめて「自立更生促進センター」が開所されました。

国の当初の方針では、先行の国営入所施設として、福岡、京都、福島の三市での開設が予定されていました。しかし、いずれも地域住民の反対で難航し、凍結状態となりました。「再犯がない保障はない。入所者が子供と接触しないかどうか心配」、こういった治安悪化を理由とする地域住民の声があまりにも強いのです。

北九州市に設置されたのは、現地が港湾地区の一角で、周辺には倉庫や事業所が立ち並び、いわゆる住宅地域から離れているなどの理由からでした。しかし、それでも、地元の福岡県トラック協会北九州支部などの団体は強く「開所反対」を表明し、いまなおその運動は続けられています。

こうした地域住民や企業の反対の中にあって、北九州市のセンターの地元民の間から「罪を犯した人が、やり直すことは大切。国がきちんと監督するなら、あってもいい施設じゃないか」という声もあるのです。「共生社会」の実現を願う者にとって、これほど勇気づけられる言葉はないでしょう。

自己の安全と他者の安全とは相互依存の関係にあります。他者が何ぴとであっても、仮に犯罪者であっても、その他者の生活が脅威にさらされている限り、そこには私たちの安全も脅威にさらされているのです。

私たちに、いま、問われているのは、「自他一如」の公共性の精神をいかに共有化するかということでしょう。「市民」意識の醸成と地域社会の理解が、いま、問われているのではないでしょうか。

国が「共生社会」を志向するのであれば、犯罪者のさらなる犯罪を防止するため、地域社会に一層の理解を求めつつ、その更生保護に万全の施策を講じていかねばなりません。

しかし、それとても、更生を拒絶された死刑囚にはまったく手の及ばない世界の話ということになります。

（4）いまこそ、教誨師の救抜の力で

そのような死刑囚の心に救いの手を差し伸べ、「死刑囚の心情の安定」に最も重要な役割を果たしているのが、教誨師です。後にも述べますが、教誨師は、信仰を持つ者、宗教を求める者、そして宗教に関心ある者の宗教的欲求を充たし、宗教的自由を保障するための民間の篤志宗教家です。

宗教教誨は、受刑者・少年院在院者などがその希望する宗教の教義に従って信仰心を培い、徳性を養うと共に、心情の安定を図り、更生の契機を得ることに役立たせようとするものです。

宗教教誨は、その対象によって集合教誨（総集教誨・グループ教誨）、個人教誨、特殊教誨に大別されています。

①総集教誨は、教誨を希望する収容者全員を対象として行なわれています。

②グループ教誨は、特定の宗教宗派の教義に基づいて希望者に集合してもらい、説法・礼拝・儀式・話合いなどを通じて行なわれます。

③個人教誨は、それぞれ個人に対する教誨で、病者・独居者・拘禁者・懲罰執行中の者・未決拘禁者・死刑が確定した者、その他、個人的な教誨の必要性のある者に対して、本人の希望によって行なわれます。

④特殊教誨とは、遭喪教誨・忌日教誨・棺前教誨など特殊な場合に行なわれる教誨を言います。

死刑は、好むと好まざるとにかかわりなく、現行法上、厳然たる国家法上の制度です。そして、死刑囚は「社会復帰はもちろん生への希望さえ断ち切られた存在」です。

こうした死刑囚に直接、相接し、心と心の対話をするのが教誨師です。そうした対話の中で、死刑囚がいかに罪の重さ、深さを自覚してくれるか、いかにいのちの尊厳に目覚めて仏性を開顕してくれるか、いかに罪を償う懺悔の自覚をし、その贖罪の道を歩んでくれるか、そして、心安らかに死に赴くことができるか――これを教え諭すのが、死刑囚に対する教誨師の最大の使命と言えるでしょう。

すでに述べた二宮邦彦も島秋人も、こうしたキリスト教牧師の教誨師との出会いがあったのです。殺人鬼アングリマーラを救ってくれたのは釈尊でした。仏教で言えば、釈尊こそ最高の教誨師であったのでしょう。

少年院をはじめ刑事収容施設は、被収容者の人格の改善を主要目的とする刑政の場です（少年法第一条、刑事収容施設法第三〇条）。それだけに、これまで、宗教信仰がこの目的達成のために在院少年や受刑者、とりわけ死刑囚に対し大きな役割を果たしてきたことは、よく知られているところです。死刑囚は、外界からまったく閉ざされた世界の人です。その閉ざされた、孤独の世界の中で、彼らの仏性は開顕の機会を待っているのです。

その死刑囚の仏性開顕の機会を与えてくれる人が唯一、外界と彼らの世界とを往来できる教誨師です。その意味で、死刑囚の仏性開顕の縁となり、死刑囚が真の人間性に目覚めて生を終えるその機会を与える教誨師の使命は、まことに神聖にして崇高であり、このうえもなく尊いものと言わねばなりません。

第八章　死刑が廃されても、犯罪なき世の中が

死刑存置論と死刑廃止論

同じ人間として等しく仏性を持ち備えた「仏の子」でありながら、殺す者と殺される者——立場こそ違え、共に傷つき、共に苦しみ、共に辛酸をなめるということは、これほど不幸なことはありません。共に「仏の子」同士の悲惨さを、仏はなんとご覧になっているのでしょうか。そして、私たちになんと仰ろうとしてしているのでしょうか。

死刑制度の存廃についてはさまざまな意見があります。これらの意見の論点をまとめれば、おおよそ次のようになるでしょう。

まず、存置《そんち》論から見てみましょう。

①凶悪犯罪に対してその放置を許さないとする国民の規範感情がある。
②凶悪犯罪を死刑にすることによって凶悪犯罪を抑止する一般的予防効果がある。
③被害者・遺族の感情を晴らし、復讐感情を満たす。
④凶悪犯の危険から社会を守るという社会防衛の効果がある。

次に、廃止《はいし》論の論点を見てみましょう。

①死刑はいのちの尊厳に違反し、残酷で、非人道的である。

②死刑をもってしても、凶悪犯を抑止する威嚇力はない。
③冤罪《えんざい》・誤判の場合、死刑執行は取り返しがつかないことになる。
④国家法上の制度として死刑を認めることは、国家が殺人を禁じていることと矛盾する。
⑤死刑は、無期懲役または仮釈放のない終身刑で代替し得る。これによって犯罪者に対して、被害者に対する真の償いと、真の心の癒やしの機会を与え、それと同時に犯罪者本人の人間性回復の機会を与える。

島秋人の「最後の祈り」が問いかけているもの

このように、死刑制度の存廃については、これまで、それこそさまざまな角度から、さまざま論議が闘わされてきました。しかし、島秋人が処刑の寸前に捧げた「最後の祈り」を前にするとき、私は自分自身の無力さに内心忸怩たるものを感じざるを得ないのです。

キリスト者たる彼は、神にこう祈りを捧げました。

「ねがわくは、精薄や貧しき子らも疎まれず、幼きころよりこの人々に、正しき導きと神のみ恵みが与えられ、わたくし如き愚かな者の死の後は、死刑が廃されても、犯罪なき世の中がうち建てられますように、わたくしにもまして辛き立場にある人々の上にみ恵みあらんことを、主イエスキリストのみ名により　アーメン」

島秋人は、幼年・少年時代の自分を顧みます。そして、自分のように「精薄」と呼ばれた子や貧しき子――この世で最も弱き者でも、「神の子」として等しく尊ばれ、等しく愛され、生きていけるような社会の到来を、死刑の廃止よりも、罪を犯す者のいない、犯罪なき平和な社会の到来を、いかなる人であれ、人間らしく生きることのできる「共生社会」の到来を、島秋人は祈っているのです。

二宮邦彦も、近江兄弟社図書館の荒木優館長に宛てた遺言の最後に、次のような祈りの言葉を書き遺しています。

「日本にも死刑になるような犯罪がなくなり、また、死刑そのものもなくなりまして明るい真の平和が一日も早くおとずれますよう、切に祈って参ります。」

二宮も、島と同じように、与えられた死刑を当然として全人格で受容しつつも、死刑になるような犯罪がなくなる社会、犯罪なき平和な社会の到来を祈っているのです。

今日、人びとは「いのち」の尊厳を声高に訴えています。しかし、現実の社会では相も変わらず暴力ははびこり、「いのち」は軽視され、その尊厳は辱《はずかし》められています。逆説的に言えば、「いのち」が軽く扱われているから、「いのち」の尊厳が叫ばれざるを得なくなっているのかもしれません。

　こうした社会の現実を凝視するとき、そしてまたこの現実の前に立ちすくまざるを得ない私たちの無力な姿――ときには懈怠《けたい》とも言っていい私たちの無責任な姿に思いをいたすとき、二宮邦彦や島秋人の清冽な祈りは、静かで穏やかであっても、私たちに問いかけてくるそのうちにあるものはあまりにも厳しく、かつあまりにも重く、それに比して私たちの議論の言の葉の一枚一枚がいかに軽く、いかに薄いことか、ただただ痛嘆の感を覚えずにはいられません。

　釈尊は、『法華経』の中で、しばしば「我《わ》が滅度《めつど》の後《のち》、後《のち》の五百歳《さい》」（「薬王菩薩本事品第二十三《やくおうぼさつほんじほん》」）、「如来《にょらい》の滅後《めつご》後《のち》の五百歳《さい》」（「普賢菩薩勧発品第二十八《ふげんぼさつかんぼっぽん》」）という言葉をお説きになっています。これは、仏教の歴史観に基づく言葉です。もとより、この歴史観には、仏教学の立場から思想的検証がなされ、さまざまな解釈がありますが、ここでは深く立ち入ることは避けます。

　ともあれ、この歴史観によれば、釈尊入滅後の最初の一〇〇〇年が「正法《しょうぼう》」の時代、次の一〇〇〇年が「像法《ぞうぼう》」の時代、さらに次の一〇〇〇年が「末法《まっぽう》」の時代に分けられます。それぞれの一〇〇〇年が、さらにそれぞれ五〇〇年に二分されます。「末法」の最初の五〇〇年が「後の五百歳」、あるいは「五五百歳」と呼ばれているのです。

この末法のはじめの五百歳の時代相は、「闘諍言訟《とうじょうごんしょう》、白法隠没《びゃくほうおんもつ》」（『大集経《だいじっきょう》』）と説かれています。すなわち、仏の教え（白法）があっても、隠没してなきが如き状態になっている。そのため、人びとは、その尊い仏法を見失ってしまい、邪見に惑わされて、それぞれ自我に執着し、貪欲のままに自分の権利を主張し合っている。その結果、大小さまざまな言葉の対立と言い争いが絶えず、血で血を洗う闘争にまで至っている――これが末法の世だというのです。

私たちは、いま、仏教的に見れば、「無律」と「無戒の戒」の中で生きています。そこに問われるのは、すでに述べましたように、絶対の信仰です。

しかし、その信仰とても、社会の一般的傾向は、と言えば、形式化、形骸化、習俗化に流れ、社会の世俗化の前にその本来の力が失われようとしています。もちろん、いまなお、世の人びとを救抜《くばつ》する生き生きとした信仰が根強く存在し、私たちに生きる喜びと力を与えていることも否定できない事実ですが。

それにもかかわらず、総じて見ると、私たちは、いま、倫理なき精神の空洞化の時代に、そしてその社会の中で生を営んでいることは厳然たる事実です。

かつてアメリカの文化人類学者から、日本の文化は、西洋の「罪の文化」に対して「恥の文化」と特徴づけられました。今日、日本人は「恥じる」ということを忘れ去ろうとしています。

反社会的行為、非倫理的行為、法律に違反する行為などが露見すると、記者会見と称して、いとも簡単に「申し訳ありませんでした」と謝罪をする。もし露見しなかったら、「知らぬ」「存ぜぬ」ですますそうとするつもりだったのでしょうか。――「恥じる」ことの重さを忘れ去ろうとしています。「厚顔無恥」という言葉が、いまや、死語になろうとしています。

そのうえ、言葉があっても、言霊なき対話が私たちの生活を支配しようとしています。言葉は、ただ一枚一枚の「言の葉」となって、風に吹かれ、あちこちと乱れ散っているようです。

私たちの身の回りを見てみましょう。個人主義という名の利己主義、責任を捨てた自由主義、義務を忘れた権利主義、自分中心の享楽主義、物質万能信仰、そして金銭至上主義などの社会的風潮、民主政治という名の衆愚政治的風土、暴力崇拝的映像の氾濫、セックス暴露的世相、その他社会にはびこる病的現象は目を覆わんばかりのものがあります。

これを「倫理なき、精神の空洞化社会」と言わずして、なんと呼んだらよいのでしょうか。こうしたあらゆるものが、富の偏在化を普遍化、勝ち組と負け組という社会の二極化を促し、人間疎外を深化させ、帰するところ、青少年の心を蝕み、そして、彼らの不共業を共業の融合するところで犯罪を、そして凶悪犯罪を生み出しているのです。

これらの現象は、すべからく「闘諍言訟、白法隠没」の末法の時代相を示す明徴な証以外の何物でもありません。この末法の世において人びとを救い抜く道は何か。『法華経』は、次のように説いています。

「爾《そ》の時《とき》に普賢菩薩《ふげんぼさつ》、仏《ほとけ》に白《もう》して言《もう》さく、世尊《せそん》、後《のち》の五百歳濁悪世《さいじょくあくせ》の中に於《お》いて、其《そ》れ是《こ》の経典を受持《じゅじ》することあらん者《もの》は、我当《われまさ》に守護《しゅご》して其《そ》の衰患《すいげん》を除《のぞ》き、安穏《あんのん》なることを得《え》せしめ、伺《うかが》い求むるに其《そ》の便《たより》を得《う》る者《もの》なからしむべし。」（「普賢菩薩勧発品第二十八」）

ここにおいて、普賢菩薩は釈尊に対して「『後の五百歳』の濁りきった悪世において、自分の救われはもとより、人を救い、社会を救うこの教えを受持するものがいれば、その者をしっかりと守護いたしましょう」と、お誓いしているのです。

それでは、この経文の「是の経典」とは、何を指しているのでしょうか。もちろん、『法華経』のことであることは言うまでもありません。しかし、ここで言う『法華経』とは、決して特殊個別的意味での『法華経』ではありません。

庭野日敬師は、「如来神力品《にょらいじんりきほん》第二十一」の「大乗経《だいじょうきょう》の妙法蓮華《みょうほうれんげ》・教菩薩法《きょうぼさつほう》・仏所護念《ぶつしょごねん》と名《なづ》くる」についての解説の中で、この「法華経」という言葉は固有名詞としての『法華経』ではない。むしろ、「ありとあらゆる人間に、宇宙の真理を教え、ほんとうの生き方へ導く、真実・最高の教え」という普通名詞として理解されるべきものと教え説いています（庭野日敬『法話

選集6 世界平和──理念と行動』佼成出版社）。

「普賢菩薩勧発品」の「是の経典」も、同じように、普通名詞としての「法華経」と解釈されるべきものでありましょう。したがって、この教えに従えば、私たちは、一宗一派にとらわれることなく、一仏乗の大乗の精神を体解して、仏教的に言えば、釈尊が説かれた真実・最高の教えを受持し、実践し、説き広め、すべて「仏の子」として等しくいのちが尊ばれ、人間としての尊厳性が守られる「共生社会」、仏のお言葉で言えば「常寂光土」を作り上げていく使命が与えられていることになります。

島秋人の静かな「最後の祈り」は、私たちに、私たち自身の人間としての有様について再思三省を迫り、私たちの心の内奥まで揺り動かす強烈なメッセージをいまの世の私たちに遺しているように思えてなりません。

島秋人の「最後の祈り」が「あらゆる暴力をのり超え、共にすべてのいのちを守るためにとなるために

それでは、島秋人のこのメッセージに対して、私たちは、実際的にどのように応答したらよいのでしょうか。すでに先に述べた二〇〇六年八月、「あらゆる暴力をのり超え、共にすべてのいのちを守るために」をテーマとして開催された第八回WCRP世界大会の宣言文を、いま一度、「他者」の箇所を私たちのテーマに引き寄せて読み直してみたいと思います。

「いかなる個人や共同体であれ、他者（社会的弱者、虞犯者・犯罪者・受刑者・死刑囚）が苦しみの中にある時、自分たちは安全だと思いこむなら、自己欺瞞にほかならない。他者（社会的弱者、虞《ぐ》犯《はん》者・犯罪者・受刑者・死刑囚）が基本的ニーズを充たせず、弱者の立場に置かれているなら、どのように高い防御壁を設けようとも我々はその影響を避けることはできない。……最も弱い立場にある人より我々が安全であることはない。」

さらに、WCRP日本委員会は、二〇〇八年七月二〜三日の「G8北海道・洞爺湖サミット」に向けて開催された「平和のために提言する世界宗教者」において、「共有される安全保障」(Shared Security) の概念を、これまたすでに述べましたように、次の六点にまとめて提示しました。すなわち、①地球的視野、②相互関連性、③いのちの尊厳、④最弱者への特別な配慮、⑤将来への責任、⑥多様な行動主体がそれです。

以下、「共有される安全保障」――「あらゆる暴力をのり超えて、共にすべてのいのちを守るために」の考えの根底にあるこの六つの要素原理を視野に入れつつ、島秋人のメッセージに対する応答とすることにいたしましょう。なお、①地球的視野は、最後に触れることにいたします。

①相互関連性　第一に、自己の安全と他者の安全とは相互依存の関係にあるということです。何びとであれ、自己が安全であるためには、他者も安全でなければなりません。他者が暴力の中で苦しんでいるとき、そこには自己の安全も脅威にさらされているのです。他者の安全は、自己の安全へと連動しているのです。

永六輔氏の作品に、次のような珠玉の詩があります（『大往生』岩波新書）。

生きているということは
誰かに借りをつくること
生きていくということは
その借りを返してゆくこと
誰かに借りたら誰かに返そう
誰かにそうして貰ったように
誰かにそうしてあげよう

この「誰か」とは、自分の親しい人、自分の好きな人、自分の愛する人だけを言うのではありません。仏教で言う「一切衆生」が、「誰か」なのです。悪人たると善人たるとを問わず、敵たると味方たるとを問わず、加害者たると被害者たるとを問わず、受刑者たると出所者たるとを問わず、自分の嫌いな人、自分を嫌う人のすべてが、「誰か」なのです。

社会の安全、そして地域の安全は、自分にとって都合の悪い人であっても、冷酷な排除の論理ではなく、慈愛の包摂の論理、共生の論理ではじめて可能となるのです。そのためには、事柄の問題点を冷徹、かつ確実に分析整理し、問題の本質を見極め、施策化の是非、可能であるとすればその利害得失を計算し、論議を詰めていかねばなりません。ここにおいては、地域住民の公共性の意識の醸成と共有化が最大課題となるでしょう。

②いのちの尊厳　今日、死刑制度を廃止することは、生命の尊厳を守り、共生の世界を実現するために必要不可欠なものであり、国家の文明度を測る決定的な尺度となるものであることは言うまでもありません。しかし、それにもかかわらず、島秋人の手紙の一文に触れると、いのちの尊厳というものの重さを、あらためて考えざるを得ません。

彼は、このように書き遺しています。前にも紹介しましたが、あえてもう一度掲げておきたいと思います。

「悔いから反省へ、反省から実際に自己を真実に生かしたい、と思っています。死刑囚としてではなく、殺人犯としてのつつしみをもっときびしく見つめる事だと思います。死刑は当たり前のものなのに、何か不当なものを受けさせられると思っている、いた、考えを捨てることです。死刑囚である前に強殺犯であること、僕の死より被害者のいのちは何百万倍も惜しい尊いいのちであることを反省しなければならない。」

島の、いのちの尊厳に対する冷徹な洞察力を前にするとき、私は反省と慚愧《ざんぎ》にある種の戦慄《せんりつ》を覚えるのを禁じ得ません。

私たちは、確かに、国家法上の「死刑囚」ではありません。しかし、この娑婆世界に閉じ込められて、「死に運命づけられた者」です。いわば、「死刑囚的存在」です。

他方、また私たちは、「強殺犯」ではありません。しかし、自分のいのちを守るために、動物たると植物たるとを問わず、食材という名目でどれほど多くの他者のいのちを奪ってきたことでしょうか。

生態学的に見れば、私たちは他者のいのちを、人間の言葉を語れないことに乗じて、いわば強殺してきているのです。食材となってくれる動植物という他者からすれば、私たちは「強殺犯」以外の何者でもありません。

しかし、私たちは、これらの他者を前にして、「死刑囚である前に強殺犯である」という自戒の念を抱いたことがあるでしょうか。「僕の死よりも被害者のいのちは何百万倍も惜しい尊いいのち」という自覚を抱いたことがあるでしょうか。

言うまでもなく、「いのちを大切に」ということは、あらゆる機会、あらゆる場所で語りかけていかねばなりません。もちろん、「いのち」は人間の独占物ではありません。森羅万象ことごとく、一切衆生のいのちを、私たち自身のいのちと同じように、等しく慈しむことの大切さを、家庭で、学校で、地域社会で、あらゆる機会を利用して、人びとに伝えていかねばなりません。

③最弱者への特別な配慮　宗教の本質は、いかなる人であれ、人種、民族、国籍、信仰、老若男女のいかんを問わず、苦しんでいる人びとのために奉仕することです。釈尊は、次のように説いておられます（中村元『仏典のことば』岩波現代文庫）。

「わたくしは、一切の生ける者どものうちで、灯火をもとめている人びとのためには灯火となり、寝床をもとめている人びとのためには寝床となり、奴僕《ぬぼく》をもとめている人びとのためには奴僕となろう。」

死刑囚は、言うまでもなく、最弱者層に属する人びとです。しかし、島秋人に言わせれば、「わたくしにもまして辛き立場にある人々」――殺された被害者であり、その遺族の人びとということになります。

私たちの娑婆世界は、苦に満ちた汚濁の世界です。その中で、私たちは私たち自身の不共業と社会の共業の織りなす網の目で、手も足も、身心そのものまで自由を奪われ、身動きもできず、もがきながら生きています。

もちろん、仏の智恵を得て、仏性を開顕した人は、心静かで、安楽な生活を享受できるでしょう。しかし、多くの人びとはそうではありません。その中に、犯罪を犯そうとしている人、現に犯している人、さらに殺人という凶悪犯罪に走ろうとしている人も少なくないのです。そしてまた、これらの犯罪者の手になる不幸な人びとも多くいるのです。

私たちは、犯罪者や死刑囚のいのちも慈しまなければなりません。それと同時に、その被害者のいのちも尊び、その遺族の人びとの癒やしについて手を尽くさねばなりません。

すべてのいのちを守るための「共有される安全保障」の実現には、社会を構成するすべての部門が暴力に立ち向かう勇気と忍耐と智恵が必要です。さまざまな利害関係者が手を携え連帯し、協力し合って、犯罪の当事者である被害者や加害者はもとより、その家族の人びとを物心両面にわたって温かく支援する救済の制度的仕組みをいま以上に整備していくための努力を積み重ねていかねばなりません。

④将来への責任　私たちの歴史は、確かに、紛争、流血、殺人の歴史でした。しかし、同時に、いのちの尊厳と共に人間らしく生きる共生社会の実現の歴史でもありました。

不殺生、「生きものを殺さない」――この教えは、洋の東西を問わず、宗教のいかんを問わず、人類普遍の原理です。釈尊、孔子、ソクラテス、キリスト、ムハンマドなどの過去の聖者たちは等しく不殺生の倫理を説いてきました。

しかし、人間の不共業と社会の共業はあまりにも厚く、あまりに深く、「いのちの尊厳と共生の世界」ははるか彼方にあり、姿を見せてくれません。この現実を見て、人びとの中には、「太く短く人生を送ろう」と非道徳的な、退廃的な生活に走る人、あるいは善良であるが、現実だけにとらわれて、苦の中で悲観的に生活を送る人、さらにまた人生に対して一種の諦めで生きる人――実に人さまざまです。

釈尊は、そういう人びとに対して「化城」の諭えを説かれました（『法華経』「化城諭品第七」）。人びとは金銭物質にとらわれ、享楽にとらわれ、名誉欲、権力欲にとらわれ、環境の変化にとらわれ、そのために苦しんでいる。しかし、「そうしたものはすべて『化城』である、すべて仮の現われだ」と達観すれば、新しい希望が湧いてきて、苦しみから解放され、「真実の宝の城」へ、すなわち究極理想が彼方に見えてくるというのです。

私たちは、今日、この現実において「いのちの尊厳と共生の世界」が実現していなくとも、その実現に向かって努力してきた多くの人びとの証を後世の人びとに伝えていかなくてはなりません。

そして、言うまでもなく、私たちのいのちも、独り私たちだけのものではありません。私たちは、過去から無限の生命の連鎖の中で、連綿として受け継がれてきた「いのち」の最先端に位置しているのです。そうであればこそ、この「いのち」を未来の世代に引き渡していかねばならない責務があるのです。

私たちは、私たちの生きた世紀が「いのちの尊厳と共生の世界」の実現に向けて努力した輝かしい叡智の時代であったと後世の人びとから称賛されるように、この「社会」を、この「世界」を、より人間的に、より住みやすいように、より明るく、より平和に、より美しく光り輝くものにしてこれを未来世代の人びとに手渡していく責任と使命を負うているのです。

⑤多様な行動主体　「あらゆる暴力をのり超え、共にすべてのいのちを守るために」――いかなる人であれ、いかなる組織であれ、すべてが「共有される安全保障」の一部です。何びとも、この安全保障の枠の外に出て、自分の安全を守ろうとすることはできません。それだけに、いかなる人もいかなる組織も、「共有される安全保障」を促進するために、まず出会いがあっ

て、語り合い、対話し、協力し、協働する、そうした努力を積み重ねていく必要がありましょう。

例えば、WCRP日本委員会は、神道、仏教、神道系・仏教系の新宗教、ユダヤ教、キリスト教、イスラームなど、我が国の宗教指導者による宗教対話と宗教協力の力強い礎で、国内でさまざまな平和活動を実践し、すでに四〇年の歴史を持っています。四〇年前の第一回WCRP世界大会が京都で開催された時、「世紀の奇跡」と称えられ、歴史的に画期的なことであったのです。

宗教は、神社、寺院、教会、モスクなどの宗教施設を媒介として社会の各界各層の間に広いネットワークを展開しています。宗教者が平和活動を推進していくうえで、このネットワークは比類なき、強力な役割を果たすことになるのです。

しかし、宗教だけでは「いのちの尊厳と共生の世界」を実現することはできません。それこそ政治、経済、学術、教育、文化、マスコミなど各界の叡智との交流、対話、理解、そしてそれに基づく協力と協働が絶対的に必要となってきます。その努力の結晶の一つが、すでに述べました、一九九九年から五年間にわたって開催されたサミット21シンポジウム、「21世紀への提言――日本会議」でした。

さらに、問題を絞ってみましょう。犯罪、とりわけ殺人の加害者、そして被害者とその家族の人びとを物心両面にわたって支援してきた多くの人びとがいます。とりわけ、社会に対して自らの罪を償う道を絶たれた死刑囚に対しては、刑務所や拘置所での活動にさまざまな制約がある中で教誨という地道な努力を重ねている教誨師の役割は、このうえもなく尊いものがあります。

「いのちの尊厳と共生の世界」は、いまだ、はるか彼方にあります。その道は、険しい茨の道であるでしょう。しかし、私たちは臆することなく、その道を一歩一歩踏みしめていかねばなりません。そのためには、多様な行動主体が、ときには独自で、ときには理解し合い、協力し合っていく必要があるのです。

⑥地球的視野　日本では、世論調査では確かに、今日のところ、被害者感情を考慮した死刑容認論が強く、死刑存置の意見が多いのは事実です。しかし、世界的に見ると、死刑廃止が一般的潮流になっており、日本の実情は世界の潮流に抗して逆流しているように思えてなりません。

一九四八年、「すべての人と国が守るべき人権の共通の基準」として「世界人権宣言」が公布されました。この人権宣言では、まだ「拷問または残虐な、非人道的な若しくは屈辱的取り扱い若しくは刑罰を受けることはない。」（第五条）と規定するだけで、死刑の廃止は明文では定められていませんでした。

国際世界において、明確に死刑は廃止されるべきものと定めたのが、一九八九年に国連第四四総会で採択された「国際人権（自由権）規約の第二追加議定書」でした（一九九一年発効）。

その採択文には、死刑の廃止が次のように明確に謳われています。

「この議定書の締約国は、

死刑の廃止が、人間の尊厳の向上と人権の漸進的発展に寄与することを確信し、……死刑廃止のすべての措置が、生命に対する権利の享受における進歩とみなされるべきことを確信し、

ここに、死刑を廃止する国際的約束を行なうことを希望して、

次のとおり協定した。

第一条『死刑の廃止』

1　何人も、この選択議定書の締約国の管轄内にある者は、死刑を執行されない。

2　各締約国は、自国の管轄内において死刑を廃止するためのあらゆる必要な措置を取らなければならない。」

さらに、一九八五年のヨーロッパ人権条約の第六議定書にも死刑廃止が明確に規定されまし

た。一九九七年、ヨーロッパでは、欧州審議会が「死刑のないヨーロッパ」を実現し、その新規加盟には死刑廃止を条件とするという原則が打ち出されました。日本は、同審議会のオブザーバーになっていますが、再三、同審議会から死刑廃止の行動を促す勧告を受けています。

現在、世界一九六カ国のうち、あらゆる犯罪に対して死刑を廃止している国が九四カ国、通常の犯罪に対してのみ死刑を廃止している国が一〇カ国、事実上の死刑廃止国が三五カ国です。

いまや、世界では、法律上、事実上の死刑廃止国の合計が一四〇カ国で、存置国が五七カ国ということになっています。実に世界の三分の二を超える国が、法律上、または事実上、死刑を廃止しているのです。

これまで日本政府は、世界の半数以上が死刑を存置しているということを、死刑廃止議定書に批准しない根拠としてきました。いまや、その根拠はすでにまったく崩れ去っているのです。現在、先進国で死刑を存置しているのは、日本、アメリカ、中国くらいです。

そのアメリカでも、死刑判決の件数は、二〇〇九年現在、一九九〇年代後半の三分の一に減少しています。それは、仮釈放の可能性のない終身刑の制定やＤＮＡ鑑定による冤罪の可能性の証明といったことなどが死刑判決の急減につながっていると指摘されています。

国連総会は、二〇〇七年、二〇〇八年に死刑執行の一時停止などを求める決議案を賛成多数で採択しました。ところが、日本では、こうした世界の趨勢に逆行して、死刑の執行数が増加しており、そのペースも「二～三カ月に一回」と早まる傾向にあります。

二〇〇九年一〇月、国際人権団体「アムネスティ・インターナショナル」は、『日本の死刑と精神医療』と題する報告書を発表しました。その中で、日本はアジアで死刑執行を増やしている二国のうちの一つ（いま一つはパキスタン）だと非難されています。

日本の場合、特に問題なのは、公判時に責任能力の有無を問われた者とか、拘禁中に精神的変調をきたした者、さらには歩行困難な高齢者などの死刑が執行されているということです。二〇〇六年から〇九年までの三年間で死刑が執行された三二人のうち、一七人が六〇歳以上で、七七歳の高齢者の死刑執行は日本以外の国では例を見ることはできません。

日本は、確かに、憲法第九条で「戦争の放棄」を宣言し、「いのち」の尊厳を高らかに謳《うた》いあげました。そして、憲法第一三条で個人の尊厳と生命・身体・自由という人格価値の尊重を、宣言しました。

しかし、日本は、本当に「いのち」の尊厳を尊重している国なのでしょうか。日本は、本当にいのちを慈しむ「平和国家」と言えるのでしょうか。いまや、日本は世界の良識に悖《もと》る国になっているのではないでしょうか。

最後に、いま一度、島秋人の「最後の祈り」を——彼の清徹した悟りの境地に近づくためにも、我が祈りとして擱筆したいと思います。

「ねがわくは、精薄や貧しき子らも疎まれず、幼きころよりこの人々に、正しき導きと神のみ恵みが与えられ、わたくし如き愚かな者の死の後は、死刑が廃されても、犯罪なき世の中がうち建てられますように、わたくしにもまして辛き立場にある人々の上にみ恵みあらんことを、主イエスキリストのみ名により　アーメン」

参考文献

――本文中に引用した文献は、次に掲げる参考文献のリストから除いてあります。

第一章　罪と罰と裁き

鯖田豊之『肉食の思想――ヨーロッパ精神の再発見』〈中公新書〉中央公論社、一九六六年
梅原　猛『地獄の思想――日本精神の一系譜』〈中公新書〉中央公論社、一九六七年
速水　侑『地獄と極楽――『往生要集』と貴族社会』吉川弘文館、一九九八年
週刊日本の美をめぐる48『地獄草子と餓鬼草子』〈小学館ウィークリーブック〉小学館、二〇〇三年
林雅彦監修・編『国宝六道繪――絵解き「往生要集」の世界』［前編・後編］方丈堂出版、二〇〇七年

第二章　現代のカンダタの棲む刑務所

玉井策郎『死と壁――死刑はかくして執行される』創元社、一九五三年
K・O『真相死刑囚舎房（上）・（下）』現代史出版会、一九八二年
高橋良雄『鉄窓の花びら――死刑囚へのレクイエム』求龍堂、一九八三年
高橋良雄『鉄窓の花びら――死刑囚へのレクイエム』三一書房、一九九〇年
坂本敏夫『元刑務官が明かす死刑のすべて』〈文春文庫〉文藝春秋、二〇〇六年
村野薫『死刑はこうして執行される』〈講談社文庫〉講談社、二〇〇六年
近藤昭二『誰も知らない「死刑」の裏側――秘密にされてきた驚くべき真実』二見書房、二〇〇八年

第三章　死刑囚の心の内にあるもの

日本死刑囚会議・麦の会編著『死刑囚からあなたへ――国には殺されたくない』インパクト出版会、一九八八年
日本死刑囚会議・麦の会編著『死刑囚からあなたへ――国には殺されたくない2』インパクト出版会、一九九〇年
永山則夫『無知の涙（増補新版）』〈河出文庫〉河出書房新社、一九九〇年
加賀乙彦『ある死刑囚との対話』〈叢書死の文化〉弘文堂、一九九〇年
古川泰龍『叫びたし寒満月の割れるほど――冤罪死刑囚と歩む半生』法蔵館、一九九一年
免田栄『死刑囚の手記』イースト・プレス、一九九四年
加賀乙彦『死刑囚の記録』〈中公新書〉中央公論社、一九八〇年
島秋人著・児島桂子(編)著「一死刑囚への祈り――歌人・島秋人の生涯」修道社出版、一九六九年

第四章　仏伝に見る凶悪犯罪者の罪と罰

中村元『仏弟子の告白――テーラガーター』〈岩波文庫〉岩波書店、一九八二年
金岡秀友『仏陀とその弟子』（金岡秀友選集第2巻）善本社、一九八九年
菅沼晃『ブッダとその弟子89の物語』法蔵館、一九九〇年
中村元『仏弟子の生涯――原始仏教3』（中村元選集決定版13巻）春秋社、一九九一年
増谷文雄『この人を見よ　ブッダ・ゴータマの生涯　ゴータマの弟子たち――増谷文雄名著選』佼成出版社、二〇〇六年

第五章　仏教の戒律に見る罪と罰

長井真琴ほか著『佛教の法律思想』〈仏教思想体系第12巻〉大東出版社、一九三二年
日本仏教学会編『佛教における戒の問題』平楽寺書店、一九六七年
境野黄洋訳・竹村牧男校訂『国譯一切経印度撰述部律部一』大東出版社、一九八五年（改訂版）
佐々木教悟編『戒律思想の研究』平楽寺書店、一九八一年
小野清一郎『仏教と法律――小野清一郎博士論文集』愛知学院大学宗教法制研究所、一九八七年

第六章　赦しと和解

高橋則夫『修復的司法の探求』〈ＲＪ叢書〉成文堂、二〇〇三年
藤井誠二『少年に奪われた人生――犯罪被害者遺族の闘い』朝日新聞社、二〇〇二年
ハワード・ゼア／西村春夫・細井洋子・高橋則夫監訳『修復的司法とは何か――応報から関係修復へ』新泉社、二〇〇三年
藤岡淳子編『被害者と加害者の対話による回復を求めて――修復的司法におけるVOMを考える』誠信書房、二〇〇五年
藤井誠二編著『少年犯罪被害者遺族』〈中公新書ラクレ〉中央公論新社、二〇〇六年
東大作『犯罪被害者の声が聞こえますか』講談社、二〇〇六年
菊池寛『恩讐の彼方に・忠直卿行状記』岩波文庫、一九七〇年改版
菊池寛『藤十郎の恋・恩讐の彼方に』新潮文庫、一九九九年改版

第七章　共生時代に生きる仏教と死刑
ドロシア・モアフィールド「復讐では悲しみはいやせない」（『創』第二三巻第一号、一九九二年）
死刑廃止キリスト者連絡会編『死刑廃止とキリスト教』新教出版社、一九九四年
原田正治『弟を殺した彼と、僕。』ポプラ社、二〇〇四年
徳岡秀雄『宗教教誨と浄土真宗──その歴史と現代への視座』本願寺出版社、二〇〇六年
ニルス・クリスティ／平松毅・寺澤比奈子訳『人が人を裁くとき──裁判員のための修復的司法入門』有信堂高文社、二〇〇六年

第八章　死刑が廃されても、犯罪なき世の中が
菊田幸一『死刑──その虚構と不条理』明石書店、一九九九年
団藤重光『死刑廃止論〔第六版〕』有斐閣、二〇〇〇年
佐藤友之『死刑と宗教』現代書館、二〇〇二年
三原憲三『死刑存廃論の系譜〔第五版〕』成文堂、二〇〇三年
「死刑を止めよう」宗教者ネットワーク編『宗教者が語る死刑廃止』現代書館、二〇〇六年

〈著者プロフィール〉

眞田芳憲（さなだ・よしあき）

一九三七年、新潟県生まれ。中央大学法学部卒業。同大学院法学研究科博士課程修了。中央大学法学部教授、法学部長を経て現在、中央大学名誉教授。中華人民共和国政法大学比較法研究所客員教授。専攻はローマ法、比較法学、イスラーム法、法倫理学。

日本比較法研究所所長、法文化学会理事長、地域文化学会理事長等を歴任するとともに、立正佼成会評議員、庭野平和財団理事、世界宗教者平和会議（ＷＣＲＰ）日本委員会評議員ならびに同平和研究所所長、芳澍女学院情報国際専門学校校長等を務める。

主な単書に『法学入門』『イスラーム法の精神』（共に中央大学出版部）、『日本人のためのイスラーム入門』（佼成出版社）等数多くあるほか、編著に『生と死の法文化』（国際書院）、共著に『平和の課題と宗教』『叡智――テロを超える宗教の力』（共に佼成出版社）等がある。また訳書や論文も多数ある。

人は人を裁けるか

2010年5月30日　初版第1刷発行

著　　者　眞田芳憲
編集責任　中央学術研究所
発 行 者　岡部守恭
発 行 所　株式会社佼成出版社
〒166－8535　東京都杉並区和田2－7－1
電話（03）5385－2317（編集）
（03）5385－2323（販売）
URL　http://www.kosei－shuppan.co.jp/
印 刷 所　錦明印刷株式会社
製 本 所　錦明印刷株式会社
落丁本・乱丁本はお取り替えいたします。

JASRAC 出 1004737－001

ISBN978-4-333-02449-0 C0215

「アーユスの森新書」の刊行にあたって

アーユスとはサンスクリット語で「いのち」「生命」などを意味する言葉です。「アーユスの森」という言葉には、大自然の森に生かされて生きている人間の原風景があります。いのち溢れる土壌のもとに、森の多種多様な生き物の「いのちの呼応」が、豊かないのちの森の絨毯を織りなしています。

「アーユスの森新書」では、あらゆるものの中に潜むいのちを見つめ、私たち「生きとし生けるもの」がどのように自分のいのちを燃やしていけばよいのか、を問いかけていきます。そのために身近な出来事を含め生老病死の問題とどう向き合って生きていくか、という個人の生き方から、現代世界、現代社会が直面しているグローバルな諸問題まで、仏教学者や宗教学者など専門家だけではなく「いのちの森に共に生きる」さまざまな立場から取り上げます。

読者も専門家も「いのち」の大切さや不思議さを共に感じ、考え、生きていることを味わえる場にしていきたい。そして、青少年・学生・一般読者の皆様と共に生きる「アーユスの森新書」でありたいと願っています。

中央学術研究所は、これからも各専門分野の研究に取り組むだけではなく、その成果を少しでも多くの方と分かち合うことにより、よりよき社会・世界の平和へと微力ながら尽くして参ります。

中央学術研究所

（二〇一〇年五月改訂）